U0067082

AQUARIUS

AQUARIUS

AQUARIUS

AQUARIUS

Catcher

一如《麥田捕手》的主角，
我們站在危險的崖邊，
抓住每一個跑向懸崖的孩子。
Catcher，是對孩子的一生守護。

薩提爾的守護之心

李崇建・甘耀明

【推薦序】那些年，被愛所傷害的孩子們

◎葉丙成（台大電機系教授）

還記得那天，我第一次看完這本書稿的時候，我的眼眶不知不覺地濕了；我腦海裡想起了教書這二十年來的好幾位學生。

教書教了二十年，除了在大學教，後來又參與了中小學生的實驗教育。在這二十年的教書生涯，我遇過許許多多的大孩子、小孩子，也輔導過好幾位。

當我們在幫助出狀況的孩子時，老師對孩子的關心、輔導，往往只能紓解

孩子在那當下的情緒。往往過沒多久，孩子的行為又會開始出現狀況。這些年的經驗，讓我很深刻地感受到：絕大多數學生之所以行為出狀況，都是因為家庭成員間的相處有問題，尤其是爸媽對孩子的態度。如果爸媽跟孩子的相處模式有問題，孩子的行為就會不斷地出現狀況。

而這當中最讓人無奈的，是這些家庭的成員之間並不是沒有「愛」。很多都是因為愛的方式不對、表達的方式不對，而造成彼此的傷口。很多很有問題的嚴厲管教，其實往往也都是爸媽對孩子的關愛，只是方式錯了。每每我們當老師的輔導了受傷的孩子，在他心中的傷口快要結疤癒合的時候，突然又被爸媽的言詞傷害；孩子心上原本快癒合的疤，又被狠狠地撕開，鮮血淋漓。讓人難過又同情的是，這些爸媽之所以會變成這樣，很多也是因為他們自己的心裡，有著過去許多年不斷被傷害的傷口，所以他們的心才會變得如此扭曲。

當老師遇到這樣的狀況，常常會陷入很深的無力感，因為我們知道問題不是出在孩子，而是出在家庭裡，但我們不確定是否能跨過那個界線去介入家庭、改變家長。由於無力去輔導家長，到最後我們只能試著去幫助孩子；但根本的問題，並沒有解決。看到崇建與耀明所寫的這幾個家庭的故事，又讓我想起了過去這些年來受苦的孩子，也因此牽動了心緒，眼眶濕熱了。

這本書裡所談的真實故事，其實可以讓很多爸媽思考：是否曾經以自以為的「愛」，在無意間傷害了自己的孩子？也可以思考自己為什麼會以錯誤的方式表達「愛」？自己的心是不是有過去沒癒合的傷痕，自己不知道，所以才扭曲了對孩子的愛？更根本的問題是，我們是否真的有愛我們自己？

看到這本書的問世，我非常高興。作為一個過去常常苦於無力改變孩子的父母、一直看著孩子受傷的老師，我一直認為要讓這些父母改變，最好的方式是要先讓他們覺知到自己的問題。而這本書內讓人感動的這些真實故事，可以讓我們許多爸媽、許多孩子，看了之後反思：自己是否有還未癒合的傷？是否也以錯誤的方式去愛孩子，而傷害了孩子？真的非常期待這本書能幫助那些爸媽跟孩子們，讓他們因此愛自己，也不再以錯誤的方式表達對家人的愛。

這本書，推薦給每一個愛孩子的爸媽們：願我們都不會再以錯誤的方式愛孩子。

【自序】從對話脈絡，到守護自己的心

◎李崇建

二○一九年十二月，我搭機赴馬來西亞，在桃園機場用餐，與一家庭併桌而坐。爸爸看手機吃飯，媽媽則看顧著兩個孩子，兩個孩子邊吃邊玩耍。弟弟大概四歲左右，他手中的色鉛筆掉了，姐姐撿起來卻不歸還，於是弟弟又哭又鬧地追逐，媽媽既喝斥姐姐，也喝斥並安撫弟弟……

爸爸仍低頭看手機，姐姐跑到安全地帶，弟弟在原地跺腳、吵鬧，媽媽顯得手忙腳亂。媽媽的表情混合著生氣、委屈與無奈，她最後望了爸爸一眼，索性低頭吃麵。弟弟在一旁仍吵鬧著，但沒人搭理他。弟弟的抱怨成了跳針的唱片，不斷重複著同樣的詞彙，聲量一會兒大，一會兒小。

弟弟就在我的身邊，我伏低身子關心他。弟弟起初不說話，後來漸漸願意回答問題，也停止了抱怨與哭鬧。

「你怎麼啦？」

「姐姐拿了你的筆呀？」

「她怎麼會拿你的筆呢？」

「她以前拿過妳的東西嗎？」

「你有拿過她的東西嗎？」

「你拿她什麼東西呀？」

「這是誰的筆呢？」

「姐姐的筆是借給你嗎？」

……

這是我的問句。

弟弟很快就停止哭泣，還停頓了好幾秒，他既沉思，也童言童語地講述自己與姐姐的紛爭。一旁的姐姐也靠近，和我對上幾句話，後來她將筆還給弟弟。

媽媽全程看著這一幕，最後在我起身離開時，驚訝地向我打招呼，「你就是崇建老師嗎？我剛剛沒認出來。」

媽媽曾在視頻看過我演講。她知道要用好奇的對話處理孩子的紛爭，但是媽媽覺得好難。

我這兩年推動對話，邀請想要溝通的人，無論是親子、夫妻、手足、師生、同事、客戶，當遇到溝通卡住的情況，或一方有情緒、不斷爭論，又或者即將發生衝突時，只要一方先停下來，以「好奇」展開溝通方式，就能改變原有狀況：**無論如何，先練習「好奇」，再練習好奇的脈絡**。

我常在演講、工作坊中示範，如何應對實際的狀況，或者如機場的這一幕，在生活現場進行對話。

只要養成好奇的習慣，溝通就能邁出第一步，教育也會變得相對容易。但

薩提爾的守護之心

是剛開始練習好奇，的確會遇到不少挫折。遇到困難，乃屬必然，但只要持續練習，就能有所成長。

我告別這個家庭，搭機抵達馬來西亞。燕湘一見我來了，立刻抱著我哭了。我以為她遇到了什麼挫折。未料她告訴我，她的兒子以勤，會考全科及格，且華文作文拿到最高分，她想跟我分享這份感動。

燕湘認識我五年，她的兒子以勤是自閉症患者。

有好長的一段時間，以勤不會在馬桶大便；不能好好說話，只會如火雞般咯嘍叫；有情緒障礙，會大吼大鬧；有多動症，不能好好坐著；會不斷以頭撞牆，撞擋風玻璃；在課堂上出現諸多狀況，無法專注聽課；不會寫華文作文……

燕湘憑藉毅力帶領以勤。期間，燕湘更學習對話，她每天都跟以勤對話；燕湘也以薩提爾模式為底蘊的作文，帶領以勤寫「爛作文」；燕湘更以薩提爾模式的冰山卡，引導以勤辨識情緒，並且讓以勤說出自己的觀點與期待。

以勤如今健康成長，與一般的孩子無異。燕湘也在各地分享對話，甚至現場帶領對話，引導聽眾覺察與照顧自己。

我曾經講述燕湘的故事，耀明聆聽後大受感動，後來耀明還飛去馬來西亞，寫出燕湘的故事，本書的最後一篇〈薩提爾媽媽〉即是。

從兩年前開始，我構思寫新的主題。而在「對話」主題之後，我想寫的是「應對者」的心靈。

在親子之間的教育、師生之間的引導，或者人與人的溝通，往往是「應對」出現問題，而「問題」本身不是問題，意即「**解決問題的方法成了問題**」。

比如學生上課不專注，教師的控制、斥責或放任成了問題，孩子更無法專注。

先生很晚才回家，妻子控制先生行蹤，嚴格拷問與斥責是問題，先生更不願意回家。

孩子的爭搶不是問題，例如機場的姐弟爭執。父母的應對是個問題，孩子依然爭搶哭鬧。

自閉症孩子不是問題，如何面對自閉症的孩子，就是一個問題。燕湘認真實踐了各種方法，改變了以勤的狀況。

薩提爾模式將人的應對，略分為五種應對姿態，其中一致性的應對，允為最健康的應對姿態。

然而「一致性」不易理解，因此我在二〇一九年五月份的全球薩提爾大會上，向我的老師貝曼報告，我在家庭教育、學校教育推行「好奇」的對話，目的在改變四種慣性的應對姿態，再推廣生活中的覺察。覺察自己的內在，並且照顧內在，引導眾人理解「一致性」，以改變「應對者」的應對。

其實包括父母、教師之內的所有應對者，他們並非不想改變應對，而是內在充滿焦慮、生氣、害怕、痛苦……各種情緒。這些內在狀態驅動了行為，因此有了不健康的應對。

我著手書寫這本書，將重心拉回應對者的內在，強調覺察與照顧自己的重要，並且以幾個案例來說明，除了寫燕湘照顧自閉兒的〈薩提爾媽媽〉，還有其他三篇屬性不同的文章。

〈陪孩子走一段路〉，是寫我長年陪伴拒學的孩子。我如何讓這孩子在起伏的狀態中，覺察與回應自己，並且以長遠的脈絡來看待孩子。

〈修練最難是日常〉則是寫千樹成林的寫作班教師到新加坡帶領營隊。她們都學習薩提爾模式，但也遇到諸多困難與挑戰。我以旁觀者的觀察，說明老師的內在，以及老師的應對可以有哪些不同的思考。

〈當我失敗的時候，愛自己〉是學員的自省心得，這是一篇說明愛自己、守護自己之心的文章。

這本書我與耀明合作，前三篇由我主述，耀明幫我修改文字，因此可以看見我的敘述風格是主軸；〈薩提爾媽媽〉則是耀明主述，我修改行文敘述與文字，因此可見耀明的風格主導。

我很感謝耀明，仍願意持續與我合作。耀明的文字、敘述帶入書中，比我自己的行文更美好，更為我所歡喜。

回首我所寫的教育書：「體制外的教育」、「教育個案」、「作文教育」、「詩詞教育」、「閱讀教育」、「青少年心靈成長」、「對話」，大概每兩本書即有一個新方向。這本《薩提爾的守護之心》，我從對話的脈絡上拉回，先初步談照顧者、應對者內在的覺察，喚起讀者的認識。下一本書，我將專注談自我照顧，在照顧自己、愛自己的方法上著墨，期望能與讀者一起成長。

【自序】所有的稻粒來自陽光的眷顧

◎甘耀明

寫序文這件事，往往比寫正文還燒腦。腦袋盤算這件事時，我正在小旅行路途，前往台東關山與南橫霧鹿。一月的暖冬在某些時刻還真熱，中午熱力四射，櫻花與李花盛開，奼紫嫣紅，時有落花飄落和蜜蜂紛飛。這彷彿令人置身在錯置的夢境，這麼熱，卻是春季，整個焦熱夏季期待的春天仍不脫離熱焰蜃影。

只有在晨昏時刻，氣溫沁涼，帶著春煦的氣息，微微浸潤人心，心頭漾著平靜。這時花東縱谷平原的春秧插下，平靜的水田布滿綠苗，不遠處的耕耘機翻打泥壤，一群白鷺鷥跟在後頭，捕食被翻擾出來的昆蟲，飽餐一頓。眼下春景令人心境樸淡，一片美好，見山是山，吃飯有米香，在這稻米之鄉。

也只有在這時候，才感受到寫序不用如此正式，如田疇的迢迢春景，其實就在心中駐停了，意到筆隨即可。回想這番書寫《薩提爾的守護之心》，歷經了些波折，這是在我與崇建書寫《對話的力量》、《閱讀深動力》從未經歷的，成了難能可貴的經驗。

這麼說也透露《對話的力量》、《閱讀深動力》的寫作過程，如行雲流水般順暢，沒太多疙瘩、難關，崇建在短暫的兩個月內完成，而我也將稿件調整到理想順序。看倌沒看錯，我是輔助，可以想像一部巨大機器由我負責把螺絲拴緊之類，或畫工繁複的彩繪，由我負責整理畫具之類。

來到《薩提爾的守護之心》這本書，過程沒有如舊。這本書共四篇，其中〈當我失敗的時候，愛自己〉、〈陪孩子走一段路〉兩篇，在後續的修潤過程沒有太多卡關。前者是蘭老師的日常挫折，卻引動內在波濤洶湧，細膩迷人；

後者是崇建與「依蓮」的多年互動，展現醇厚的生命情感，處處可以看見他如何靈活、深化薩提爾的心法，這是難得佳作。

餘者兩篇是〈修練最難是日常〉、〈薩提爾媽媽〉。前者是兩位作文班優秀教師的營隊紀錄，看得出來非常努力經營師生關係。這篇原由楊欣蓉老師記錄，另輔以崇建現場觀點與補敘，使得初稿的時間軸有好幾條，且過於鉅細靡遺，最後在截稿的壓力下，我們痛下殺手，把旁線能砍的都砍，所謂「剪裁」的寫作功夫，往往在最後一刻才敢手起刀落。

相較於往昔合作模式是由崇建主導，這次我主寫的是〈薩提爾媽媽〉。這篇文章的主角是馬來西亞的華裔陳燕湘女士，她學得薩提爾，藉此與自閉症兒子與家人互動，有了深度連結。崇建原先計畫，由他寫主軸，我再豐富血肉。

但我認為這麼迷人的故事，要是沒有親自與燕相訪談，一切感受與細節都是隔靴搔癢的副產品。二〇一九年三月中旬，我前往馬來西亞柔佛州的士乃鎮，與故事主角燕湘進行數天接觸，聽她訴說她的生命故事。至今，我認為這決定是對的。除了訪談，還跟她的家人接觸與吃飯，取得豐富細節。

兩人合寫這件事，畢竟是有挑戰。拿兩手譬喻，與其說是左右開弓，不如說是慣用左撇子或右撇子的事。這麼說來就是，我與崇建，誰先寫完了，後頭的那位通常輔佐的修稿與增潤，能動大刀較少。這可能是合寫的難處，而且我隱隱認為〈薩提爾媽媽〉的風格未必是崇建所預想的那般。最後他對文章修潤了不少地方，他同時表示，合作本來就是尊重與磨合的過程，不同風格，或許令文章有了不同視角。我想這也算是薩提爾的對話吧！最後，我把〈薩提爾的媽媽〉的二稿動刀砍去八千字，比較流暢，成了現今模樣。

種下去的文字，宛如田中秧苗，恁般隨風搖晃，但細看是各家的布局都略微不同。有的是以插秧機南北向種下，有的是東西向栽下，而有的秧苗排列略呈現S型，各有不同，這是我在台東細看陽光穿透的雲層下的稻田風範。如果秧苗長大，蔚然成浪，這小小的不同應該最後都看不到了。

相同地，讀者翻閱《薩提爾的守護之心》的時候，如果細細品嘗，也許看得出那些文章間的差異，但願這能幫助大家看見不同風景。所有的稻粒都是吸收陽光的證明，雖然稻葉未必能感受到此事，但它們確實都是日日參與其中的，只有人類能證明此事，因為他們專事審美。

目錄

修練最難是日常

當我失敗的時候，愛自己

薩提爾媽媽

陪孩子走一段路

薩提爾的

守護之心

陪孩子走一段路

我在寫作班門口等依蓮，我從未見過她。

雨太大了，雨勢喧譁，滂沱得傾盆而下，行人紛紛走避，摩托騎士快速疾馳，公車輪胎捲起水花，只有哪也去不了的樓房安閒不動。人潮匆忙，沒人注意有隻蹣跚的狗，一條腿傷殘的老狗，身軀在冷雨的努力下變得更滄桑，牠在雨中經過我。荼蘼花事了，生命總有沉寂前的韶華，雨中殘缺的老狗也令人不忍。老狗無視大雨，正如人們亦無視老狗。

喧囂大雨中的街景，那麼狂暴的驟雨呀！老狗在雨中殘缺的走著，不知何去何從，不知起點與終點，那個鮮明的畫面，是我靜觀世界的焦點。這時候一對母女撐傘經過老狗，女孩蹲下來駐足甚久，伸手摸了老狗，為牠擋一陣子雨，母親三呼四喚才離開，轉身朝我走來。

我等的那個人，正是為狗遮雨的女孩。在文章中，我喚她「依蓮」。

依蓮兩個星期沒去學校，家庭與學校都束手無策，輔導室轉介她來談話。豈料她剛離開雨中的狗，踏入乾淨明亮的寫作班，見到我便逃離了，任憑母親呼喚也不回頭。依蓮遇到什麼困境，寧可隻身投入暴雨中，被冷冷豪雨吞噬，也不願意見我？

事後，母親打電話來抱歉，道出當日原委。原來依蓮在她就讀的學校見過我，她不想見跟學校有關的人，所以一見我轉身就逃。電話中媽媽流露無奈，無助的問我怎麼辦。我請媽媽先來見我，並轉達我對依蓮的關心。

被孩子拒絕

媽媽來見我了。

她對孩子拒絕見我，再次抱歉之餘，問我會不會生氣。

老師撥空等待一個孩子，對方見面卻跑走了，這也是被拒絕。助人者、照顧者、老師或父母，主動伸手幫助困難的孩子，一旦被拒絕或質疑時，內在容易產生受傷、生氣的感覺，但自己可能不覺察，影響了彼此深入的連結，甚至中斷了彼此關係。

我身為助人者與教師，多年來經常覺察自己，面對如此狀況是否有任何情緒？一般人善用腦，理智經常蒙蔽了感官，說自己並不在意，實情上內在卻非如此，這源於不懂得覺察自我。女孩的拒絕是小事，我內在並無不悅，只邀請母親來見我，也許母親改變了應對，女兒漸漸願意改變。

然而是女兒拒學，為何媽媽來晤談？這是媽媽提出的困惑。

孩子所展現的應對，最初的學習環境來自家庭，可從母女的互動抽絲剝繭。另外，面對孩子的拒學，媽媽內在也許受傷，感覺自責與內疚，那就更難幫助孩子。幫助媽媽照顧自己，改變對女兒的應對，孩子就有改變的可能。

媽媽來見我了，帶著大女兒同來，她習慣有人陪伴。令我訝異的是：依蓮也來了。她們一家五口，有三人來見我。不過依蓮透過媽媽表態，她並非來與我談話，而是不願與爸爸單獨在家，來也只是在一旁聽大家說話。

依蓮願意出現，我視為關係進展的曙光。從初次來訪逃離現場，到願意陪同媽媽前來，其實依蓮已經踏出好幾步。身為一個老師，與學生彼此不熟悉，**我需要的只是**

接納、愛與等待。我常解釋我的「等待」，是創造性的等待，讓她感覺愛與接納，那也是師長最難的功課。

會談前，我跟依蓮確認，談話會提到她的狀況，她是否能接受。她聳聳肩，表示無所謂。我跟她確認談話內容，是對她的尊重，向她表達欣賞與感謝之後，才與媽媽對話。

媽媽道出依蓮的拒學過程：那天是再平凡不過的早晨，依蓮突然宣布不想上學了，彷彿說出一樁隱忍已久的祕密。依蓮的篤定堅持不去，使早晨氣氛降至冰點。揹著書包的姐姐僵住；爸爸無比震怒，軟硬兼施都無效，指責孩子竟然如此，先是早晨賴床起不來，繼而公然拒絕去學校。媽媽感到非常無奈，只能聽依蓮抱怨學校，但不知道發生什麼事。

女兒不去上學了，媽媽如何應對女兒呢？

母女衝突少不了。女兒猝然不上學，母親使不上力，內心無比的委屈。她生活在大家族中，來自長輩的壓力大，相較於先生的壓力，後者更讓媽媽撐不住。媽媽自責沒教好孩子，言談中不斷落淚。姐姐中途加入談話，與媽媽同一陣線，對妹妹諸多不滿，抱怨對方何來特權，竟然能夠不上學。她對妹妹好說歹說，妹妹始終任性、自我，彼此生活有很多衝突。姐姐談著，也落淚不止。

我注意依蓮的反應。她聽到媽媽訴苦時，臉上表情複雜，抿了幾次嘴，翻了幾次白眼，始終環抱雙手於胸前，以冷漠面對媽媽的訴苦。接著依蓮的表情複雜，從憤怒、焦躁轉趨無奈，這是聽到姐姐抱怨的反應。

我看到家庭的疏離，彼此不真正瞭解，卻靠得非常近，有一種「夾纏不清」之感。

除了傾聽之外，我還能怎麼應對呢？

二〇一九年我去西安全球薩提爾大會，我的老師貝曼介紹薩提爾模式：

薩提爾模式是「提問模式」。

薩提爾模式是「正向模式」。

薩提爾模式是「量子模式」。

什麼是提問模式？提問即是探索，即是好奇。

一般人並不好奇，是什麼樣的原因，讓依蓮產生拒學。但依蓮的拒學，有可能是一連串的成因，這個一連串的成因，不是單一的一個要素，比如同學不友善、老師忽略她、成績不好……我並不明白，不過，可以透過提問模式，瞭解這系統的形成，如何顯化在依蓮的行為上。

若不是透過好奇，只是擁有協助人的熱忱，一般而言只是看到表象，就給出解決方案，或者給出建議模式：協調依蓮的家人間要善待彼此，比如等待、忍讓、包容；協調當事人負責，比如要堅持某些責任，堅持作為人的底線；苦口婆心勸當事人為自己想想，為自我負責；或者言談搖擺不確定，要家人好好討論、好好溝通，為彼此多一點著想……。這是常見的處理模式，並非好奇成因的「系統」。

為什麼這樣處理呢？因為協調者內在出現局限，自我尚未覺察，就成了解決問題的人，稍有不慎，可能就成了問題製造者。依蓮一家人都委屈，自認為付出甚多，都成為受害的角色，內在深處都透露著：一股隱藏、不覺察的「自責」。家人之間的應對與談話，一旦觸及某些感受與思維，易困在迴圈裡無法掙脫。

如今我習得薩提爾，深深體會貝曼老師在西安全球薩提爾大會所言的這三項模式。我使用這套心法瞭解依蓮家人，探索她們之間，好奇她們遭遇的困難，好奇她們內在的發生，讓她們彼此能夠核對，自己能夠覺察自我，這便是「**提問模式**」。

以好奇進行對話，使每個人覺察正向資源，啟動對自己的正向眼光，才能啟動對他人正向連結，這是**「正向模式」**。

當「正向」植入體驗、植入心靈，意識就出現改變，轉化與人事物的舊模式。然而人的正向意識，並非淪於空虛的口號，僅以假象來看待世界，而失去觀看全貌的眼光。一旦能以全貌看世界，就能真正的看見資源，產生接納與力量，意識因此改變了，世界也隨之改變，從內在的感激之情出發，向宇宙下訂單，亦即產生實際體驗的意圖，這是**「量子模式」**。

我跟媽媽的對話，聽媽媽的委屈、無奈與自責，她落下大量眼淚。不只是媽媽委屈，姐姐也同樣的委屈、無奈與自責，落下大量眼淚。當各種情緒能訴說出來，能量就有了流動，才有療癒的開始。

依蓮呢？依蓮有何反應？在旁聆聽的依蓮，臉上數次閃現不耐煩，那不僅是不認同母姐的話，她已表明不想開口了，便以負面表情回擊。

這場談話結束前，我禮貌的邀請依蓮，是否想說說幾句話。

依蓮不開口則已，一開口則將憤怒、委屈與無奈，瞬間傾洩爆發，先是話語冷峻，繼而說出自己辛酸，說自己從來不被瞭解，也說到自己的付出。

這回，輪到母親及姐姐聽她的心聲了，她們很難有這樣的經歷：彼此都不被打斷的說話，彼此都聽完對方說的話。

結束前，我關懷了她們，簡單連結彼此的善意，欣賞一家人願意分享，那需要極大的誠意，那是家庭寶貴的動能，只是大家卡住了。

我感謝依蓮，邀請她，若她願意，再和我相約談話的時間。

依蓮立刻答應談話，敲定下一次見面時間。

依蓮獨自來了

依蓮來見我了，獨自來見，不想任何人陪同。

依蓮從拒談，到願意談話，我歸納除了運氣之外，還有幾部分：

接納她不來↓傳達我的關懷↓覺察自我內在↓傾聽母女的聲音↓我與一家人內在連結↓主動詢問並且邀約↓我確信她們都願意活得更好。

我們再次見面，問依蓮怎麼願意來。她只有聳聳肩，說不出所以然，隨即跌入沉默深淵，默默不語了。我們進入安靜時空，時間如斯平滑純淨，如湖水澄澈微明。

我覺察自己內在。

內在安靜且深刻，我時時刻刻覺察，成了多年的習慣，之前我安然聆聽她們訴苦，此刻安然面對依蓮的緘默。

「現在發生什麼了？」我指著依蓮的心。

「不知道！」依蓮停了一會兒，搖搖頭。

我們又進入了安靜，依蓮也很接受安靜。

父母、師長、協助者在此刻，往往急於打破安靜，起因是「內在」有了尷尬、不安、焦慮與緊張，常常還未照護自己，就做出了應對的言行。安靜即是停頓時刻，覺察與安頓自己，也讓孩子停頓、沉澱，再與孩子做出連結。

我想要照顧依蓮的心，最直接的方式是關心「此刻」，她在「當下」的內在有什麼發生。情緒是心靈的訊息，我的關注是讓她覺察她在這個「當下」，有什麼情緒在波動。

停頓一會兒，我問她，此刻有什麼感覺。

她搖搖頭，表示沒有感覺。

會焦慮嗎、緊張嗎、不安嗎、生氣嗎、難過嗎……？

依蓮仍舊搖搖頭。

「那身體呢！身體有任何感覺嗎？」一般人不容易覺察情緒，但是對身體的覺察容易一點。

「肩膀有一點緊緊的。」依蓮低著頭說。

我邀請依蓮感覺肩膀的緊，並且接納這種緊的感覺。

依蓮停頓片刻之後，淚眼汪汪，啜泣起來……

這個做法，我在《心教》一書曾介紹，是打開孩子內在的方式。很多人見這樣的引導，多半覺得魔術般神奇，其實是簡單且自然的道理。

因為一般人不懂愛自己，亦不瞭解自己。**一般人以為的愛，常止於滿足期待，然而愛並非如此，不是執著於滿足「貪愛」，而是一種真正的「關愛」，關愛來自瞭解自己，瞭解自己始自於「覺知」。聚焦在肩膀的緊，就是一份對身體的覺知，亦是一份初始的關照，這亦是以「正念」引導對話。**

當依蓮意識肩頸的緊，這便是接觸自己身體，覺知自己的身體。覺知自己身體，意識真正承認之後，接納就開始發生了，被自己接納即是被愛，情緒的感知就能自由連結。

正如一個委屈的孩子，被父母關愛、呵護，就能安全述說生氣、委屈與受傷。

依蓮說，自己感覺很憤怒。

從身體的意識進入，接觸內在的憤怒，憤怒的圖像容易出現，事件也很快被識別，透過語言不斷述說出來。

依蓮夾雜著複雜情緒泣訴，她憤怒老師的「粗暴」對待，只在乎成績好的學生，因此當她成績掉下來，日子也從雲端掉入地獄。她說出深藏的痛苦，她根本沒有好朋友，同學暗地裡較勁優劣，尤其是面對功課壓力時，更是如此。

依蓮感到無比孤單，還有伴隨著害怕，這些從來不為人知，也不會有人在乎。

以上依蓮的訴說內容，我只是傾聽與提問。

我好奇她發生什麼事情？

好奇她內在有何感受？

好奇她對感受覺知嗎？接納嗎？

好奇她的應對方式？

好奇她對老師的解讀？

好奇她家庭如何應對？

好奇她期待什麼嗎？

好奇她如何看待自己？

接著，我要好奇她這些感受怎麼發生，想法如何發生，行為如何發生。這份好奇帶著我的接納，與我對自己的覺知，而不是陷入一個建議者、說教者、壓迫者、指責者的糾纏身分，那不會為她帶來力量。

熟悉薩提爾模式的人，可看出這些簡單的提問，是在冰山各層次進行。除了讓我理解她，也讓她對自己多一份覺知，幫助她為自己更負責任。

依蓮的孤單

依蓮來自一個傳統家庭，父親忙於家族事業，少有機會跟孩子談話。母親雖然與她有互動，卻也忙著管理父親的公司。依蓮常常一個人在家，從幼兒園時期，即是如此。

她的小學時期很孤單，她早早已習慣了，但從未釐清孤單感覺。有時她喜歡孤獨感，有時因寂寞產生煩躁。孤單衍生出各種連帶情緒，在各種狀態中帶來多重想法，既複雜且歡喜的夾纏感覺。

孤單帶來了自由。

孤單帶來了寂寞。

孤單帶來了美感。

孤單帶來了獨立。

孤單帶來了力量。

孤單帶來了……。我想帶她分辨這些細微狀態，使她自己成為主宰，而不是孤單主宰著她。

我在冰山的各層次中好奇——前面提過的冰山提問——從事件探索依蓮感受，先試著讓依蓮連結感受的「**所緣**」，再以這個感受為「**所依**」，探索她對感受的觀點，她對感受的期待，她對感受的應對。透過這感受由來的歷程，我再進入她生命力的養成。

她有渴望被關注、被愛、被靠近的時刻嗎？

依蓮回應我的提問，說著便落淚了。

她覺得自己在家最渺小，不如姐姐漂亮，不如弟弟受重視。她就是一個人，向來就是一個人。她看著姐姐被稱讚，弟弟被眾人呵護，看著家族的堂兄弟姐妹被關注，她只能一個人躲回房間……

國小二年級的某一天，她在學校被同學指控，偷走別人的東西，但真相並非如此。

老師當眾斥責她說謊，她非常憤怒，還以白眼，之後竟然被拖到走廊罰站，隨後被帶到辦公室罰站。

她以冷漠的姿態站著，心想要罰，就任你們罰吧！反正她也不在乎了！經過的老師對她冷言冷語，還有同學來看熱鬧的眼神，使她累積的憤怒無處宣洩。

當天，她獨自走回家，被同學們刻意疏離，甚至遭受語言霸凌，沒有一個人靠近她。她好想離開這個世界，離開暴力與不友善的地方。

依蓮踏入家門時，冷清清、孤單單，爸媽當然不在家，姐姐、弟弟還沒回來。她獨自躲在房裡哭，內心糅雜對世界的憤懣與無奈。

依蓮記得房間有一扇窗，每當有人經過時，她會下意識看看，是不是家人回來了？她期待有人打開她的心扉。她內心其實渴望有人陪伴。

姐姐、弟弟陸續返家了，家中增添了人聲，家人彼此呼喚、應答，她卻有種不能融入的隔閡，一種很深的炎涼疏離。

她說到這兒時眼淚稍收，忽然插入一句話，令我印象十分深刻的話，話語約略如下，「我本來覺得自己不合群，只是勉強融入人群，但是從那天開始，我有一種確定的疏離的感覺，尤其後來發生那一件事。」

依蓮口中的那一件事，看來是生命深刻的事件，讓她眼神複雜起來。那天依蓮一個人待在房裡，久候的媽媽返回家中，呼喚著依蓮的名字。依蓮心中有那麼一絲感覺，靠近心房的暖煦，驅散她的疏離感，但是她疏忽了防衛，竟然未仔細辨別，媽媽的呼喚其實冷峻。

她就這麼衝出房門，快步上前迎接。

啪！媽媽先賞她一記耳光。

那一刻，依蓮記得很清楚，耳邊響著嗡嗡的聲音，世界就這麼停下來了。有什麼從此碎了，碎得像塵埃，世界變得舉無輕重。

依蓮跟我對話時，提到了這一段往事，說以為自己都忘了，怎麼突然記憶清晰了。

原來傷害從來就像影子，不需特別注意它，也牢牢黏死在腳邊，讓她的身心無意識反應。

此刻的一番對話，像陽光射入心靈裂隙。原本該消失的塵埃，竟沒有塵埃落定，在光亮裡無處躲藏，姿態輕盈款款。

她終於想起來了，那些極其荒涼的細末。當耳光爆響的一刻，客廳裡的姐弟都安靜了，不約而同轉頭凝視她；隔壁炒菜的飯香味傳來，有人將進入歡樂的晚餐，而眼前的媽媽痛罵她，她完全沒聽進去媽媽的話。

為何媽媽會賞她耳光？依蓮的記憶再次喚起，是爸爸接到老師投訴，轉而打電話痛罵媽媽：「妳是怎麼教養孩子的?!」

媽媽覺得自己很失敗，而爸爸也覺得自己失敗，這呈現他在當晚回家的醉態，對著依蓮大聲訓斥，說自己是失敗的父親。父親痛斥依蓮在校的表現，讓一整個家族蒙羞了。

依蓮緊閉著心門，不想聽見、看見這一切，她不覺得自己是失敗者，但是內心深處有一道聲音浮現，她不想承認、不想靠近的聲音，**「妳是個很糟糕的人……」**

依蓮說到這裡，哭得很痛很痛，痛得胃痙攣起來，痛得乾嘔不止，那是受傷靈魂的自白，但是那個「受傷」無處可訴，連自己都背叛自己了。她棄絕這世界，甚至棄絕了自己。

隔天，遺失物找到了，是同學自己忘記，那是一場烏龍的誤會。

老師知道真相之後呢？

依蓮說，老師沒任何表示，彷彿一切都沒有發生。

也許依蓮所說的過去，是她自己的主觀詮釋。

如果依蓮說的是「客觀事實」，**那麼老師的內在發生什麼？是否依蓮的某些特質，勾動老師內在的痛？或者「小偷」行為讓老師困住了，困在過去的經驗裡；這使老師未覺知、未守護自己的心靈**，以致在處理誤會之際，以及誤會解開之後，欠缺周全的回應孩子。

依蓮對老師很生氣，但是她內在還有一個聲音，她告訴自己不能生氣，怎麼能對老師生氣？

她轉而對自己憤怒，憤怒自己的無能為力。

依蓮對小學老師的控訴，讓我聯想起她的中學老師。她認為中學老師偏心，和小學的狀況頗相似。

依蓮國小功課並不出色，畢業後考上頂尖的私中，出乎自己與眾人意料，受家族稱讚：「你看那個依蓮，讀書多麼棒呢！你們要好好學，多向她請教功課……」她被拿來與同輩的表親比較。那陣子她是受重視、捧著的榮光，是大家歌詠的主旋律。

她瞬間受矚目了，但是轉身背對他人，她並沒有開心，而是感到更大的疏離感。

她覺得大人們好「假」，身體糾結著厭惡、煩悶、孤獨的多種情緒，自己也說不清。很假的還有私中的同窗關係。她考上了私中，課業壓力變大，同學競爭心很強，她覺得世界很虛偽，什麼都環繞成績為主。不料她功課往下掉，私中的榮光褪色了。她聽到的都是酸言酸語，在學校比較成績，在家族裡，更是如此。她好想躲得遠遠的。

我歸納依蓮拒學的因素。其一是課業壓力大，其二是同儕關係不好，其三是家族重視成績，其四是老師要她再努力，而依蓮力不從心。這四點引爆了依蓮的內在，她產生賴床的現象，繼而抗拒去學校了。

在依蓮的敘述中，可以看見她的心靈，層層被包裹起來，以疏離與冷漠為外衣，包裹著敏感、受傷的心。

她逃避學校，或者逃避我，並非如今才如此，是來自家庭疏離的關係。她自小感覺孤單，受到挫折時退縮。從童年而來的無助感，成了她內在的荒廢風景。她不愛那個風景，卻也無法擺脫，因為她的意識被困住了，世界的面貌就固定了，她看自己的面貌也固定了。她重複陷入負面的循環，尤其在環境有了「發生」，她的舊意識產生舊應對，那是為了「求生存」，而非意識到「已存有」。

她對老師、同儕、家人，甚至對世界，都不相信。

她也不相信自己了。

當我聆聽依蓮的故事，以「好奇」介入她的敘事，瞭解更多她的內在，她的狀態是如何形成。我亦時刻覺察自己，是否感覺任何不舒服？是否能接納她所有的故事？這是從關懷自己為起點，才能平靜的對依蓮好奇、接納與愛。

作為一個陪伴者，我深知自己需要覺察，不被她捲入故事漩渦。她的故事會挑起陪伴者的情緒，一旦被挑起來而未覺察，自己也會被「舊意識」掌握，就會陷入拯救、保護、說教與指導的迴圈，那就是陪伴者未守護自己的心。

若我未覺察自己，我亦可能成為下一個：她也不再相信的人。

依蓮最後有深深的自責。一旦不懂關愛自己，也就不知道如何應對世界，這是家庭應對的影響。她的自責是隱形的電網，形成一道嚴密防線，一旦我觸及她自責的心靈，她立刻痛得抱著胃部，低著頭，蜷縮成一團，像凋謝前的花蕊，哀傷著她身心的痛苦。

什麼是自責呢？自責就是，自己在心上插一把刀。

我要讓依蓮學會負責。負責是意識真正的自己，看見自己的力量，為自己好好站

起來。

依蓮的轉學之旅

依蓮猶豫要不要轉學。她問我，可行嗎？

我沒有太多意見，她的心靈有很多恐懼，我的目標是她心靈的茁壯，而不是解決眼前的問題。若是心靈未好好照護，就算勉強她去學校亦徒勞。我在乎的是孩子的內在，一顆擁有力量與愛的心靈，才能真正長大，站起來。

依蓮在寒假期間轉學了。如我所想的狀況，才開學沒過幾天，她對新環境感到害怕，對老師、同學都有很深的恐懼，幾天後又無法上學了。單純的依蓮雖然無法上學，但是希望與我持續談話；我的時間不容易安排，僅能與她久久安排一次談話。

她的心靈混合著憤怒、恐懼、受傷、孤單、無助，我邀請她接觸恐懼。我為她進行冥想，運用自身擁有的力量，這方式我在《心念》一書提及。她在冥想中一靠近恐懼，全身就痙攣似的發抖。她看見自己的「恐懼」樣貌，那模樣竟是個小丑，不斷扭動著身軀狂動。

她從拒絕談及恐懼，到願意靠近一點恐懼，每次的步履都很艱困。依蓮每一次靠近恐懼，都經歷一次痛苦。幾次冥想會緊抓我的手，淚水在臉上橫溢，汗水在手心滲出來。

我調動了她的憤怒，邀請她冥想對老師的憤怒。

依蓮幾次想提憤怒的語言，最終欲言又止的放棄了。

她不敢對老師生氣，卻對自己有很深的怒氣，一旦她對自己不仁慈，她的心靈就不被自己靠近，力量無能顯化出來。

我向她說明憤怒的由來，說明何謂「表達」憤怒，並非對老師不尊敬，因為這是「健康的」表達憤怒，而不是去指責老師。關於「健康的」表達憤怒，一般人容易混淆意思，我在《教室裡的對話練習》一書，節錄我與郭進成老師公開的對話，也說明如何「健康的」表達憤怒。

經過我的說明與引導，她漸漸願意看見生氣，願意接觸自己的生氣。她亦漸漸靠近心房的悲傷，給悲傷的自己一些溫暖，用不同眼光看待過去。

她的力量滋生之後，決定再嘗試轉學一次。她屢挫屢戰，勇氣十足，願意看見自己的勇氣。但是依蓮家人的應對姿態未改變，父親為了事業應酬，常喝酒，酒後常常發脾氣，母親又以受害者角色出現，這處境對成長中的依蓮甚為艱難。

未成年的依蓮需面對家人，卻無法跟他們深入連結，才滋生的勇氣又衰落下去了。

依蓮在二度轉學前一晚，急著打電話給我，哭訴自己感到無比恐懼，若是明天無法上學怎麼辦。

依蓮面對新學校的心情，隨著時間靠近而起伏，從逐漸拾起勇氣的期待，瞬間掉入失落、恐懼、悲傷混雜的狀態。但是家人只是給予道理，或者說說制式的「加油」！這沒有實質幫助，令她的孤單感籠罩著，恐懼感又莫名回來了。

依蓮在夜裡打電話給我，哭著問怎麼面對恐懼。

我只是靜靜的聆聽，表達我對她的關心。**我邀請依蓮接納自己，無論她能不能去上學，都接納這樣的自己，因為她已經努力改變，並未輕易放棄自己，心靈才會有力量。**

依蓮隔著話筒哭著，語帶鼻音的說：**「但是我很討厭自己，我很討厭這個世界，我很討厭好多人，我不喜歡這樣的自己……」**

我內在很敏感的辨識，依蓮的傾訴內容，曾是我年少心靈的聲音，只是我沒有機會說出來，那是一個一再讓人失望的自己。

我彷彿接到一通時空電話，穿越時間跟自己說話。我人生很長的一段時間，無法跟上主流的價值，無法滿足爸媽與自己的期待，我也不知道我是誰，一顆心又如何安往。

依蓮狀況不好的時候，低自我價值就出現，陷入過去的不良循環，過去的傷害攫取了她的心靈、身體與思考。

我很接納這個歷程，並且知道這樣的反覆狀態，會不斷出現在我們的對話中，經常以循環的方式呈現。但是對陪伴者而言，面對孩子反覆的情況，面對孩子重複的議題，往往感到沮喪又無力，那也是自我心靈的塌陷，也就無能為力去守護孩子。

陪伴者內在被挑起的經驗，常常會成為關係的阻礙，無法更有力量的陪伴下去，若能覺察這些傷痛，分辨過去對此刻的影響，是一件重要的覺察工作。

我舉一個具體的例子：

一位媽媽常覺得女兒很煩，快被女兒煩死了，好想丟下她，再也不理了。

我問媽媽：「女兒發生了什麼事？最讓妳感到煩？」

媽媽不假思索的說：「最煩的就是女兒去逗兒子，兒子才剛滿週歲，她常常到嬰兒車找弟弟玩。」

找弟弟玩的舉動，讓媽媽感到煩的是什麼呢？

媽媽停頓一下說：「我也不知道，就是覺得煩死了。女兒只要一靠近弟弟，我就很煩很煩，還打過女兒好幾次。」

我問媽媽：「妳呢？有曾經被說煩的經驗嗎？」

媽媽的臉色立刻變化，浮現了情緒說：「我九歲的時候，媽媽常常罵我煩。」

童年的記憶瞬間來襲，是問話中常出現的狀況。

發生了什麼事？媽媽常常罵她煩呢！原來她跟女兒經歷相似呀。

「九歲的時候，我弟弟出生了，我終於有玩伴了，因為我在家常感到孤單，所以跑去跟弟弟玩。」她說到這一段，情緒大量的湧現，「媽媽就罵我，妳怎麼這麼煩！」

她現在已經長大了，若是遇到九歲的自己，會對自己說什麼呢？我好奇的問她。

媽媽幾近咆哮的說：「妳可不可以不要這麼煩？」

媽媽掩著臉，嗚嗚的哭了起來。

若是媽媽未覺察自己的心，未覺察自己的煩，未覺察不接納自己，未覺察過去的影響，陪伴過程就常遭遇瓶頸，這源自心靈受傷設下的障礙。

話說回來依蓮的狀況，依蓮在二度轉學前來電。這次，我們通電話，我看見依蓮的狀態，熟悉的自我厭棄感出現，但是不會影響我的陪伴。

我聆聽依蓮的恐懼，聆聽她內在的反覆。她需要很多傾聽，需要能量的流動，而我能做的就是陪伴。更進一步就是釐清，當內在注入了力量，就會為自己做出好選擇。

依蓮訴說著苦痛，最後問我：「老師，我可以問你一個問題嗎？」

我請她說。

她說出心靈深處的聲音，「你會不會覺得我很煩？會不會很討厭我？」

我並沒有先正面回答，而是回問她：「此刻妳與我通電話，有感覺到我的厭煩嗎？」

「沒有。」

「會感到我討厭妳嗎？」

「也沒有。」

「是呀，我很愛妳呀！當妳又遇到困難，我沒有拒絕接電話，也沒有匆匆掛電話，是嗎？」

依蓮嗯了一聲，繼續問：「你為什麼要愛我？**愛一個這樣的我。**」

我常以為當一個陪伴者，是穩定自己內在之後，將一份安然與穩定帶給對方，也讓對方能長出愛、安住愛，漸漸得到穩定的心靈。

於是我對依蓮說：「當一個女孩那麼努力，即使她遇到了挫折，再次被恐懼占領，她都沒有放棄，還懂得向人求助，這個靈魂不是很可愛嗎？不是令人感到尊敬嗎？」

依蓮靜靜地聽我說完，哭泣了很久才停下來。

依蓮最後平靜掛下電話，隔日沒有去學校。

我對她所言是真。依蓮不去學校，我也能接納，我想重新建立她內在的力量。

依蓮當日未去上學，但是之後漸漸嘗試去學校了。她二度轉學之後，對老師、同學仍有恐懼，無法在班上專注的待著，所以有一搭沒一搭的上課。

這樣的陪伴過程，我關注孩子的內在，還有如何應對世界。依蓮的狀況被稱為

「拒學」與「懼學」。醫生判定她有憂鬱症，但她拒絕服用藥物，也拒絕再去醫院看診。

我能做什麼？

我的角色是協助者。若協助者只考量「成效」，當孩子表現不如期待時，常衍生出內在的焦慮、自責，這是很多父母與教師的狀況。我時常覺察自己，是否能安定接納這一切，這是最重要的源頭。

給予她穩定的關懷，每次對話，讓她長出力量，讓她靠近自己的心靈，學會為自己負責，這是我為陪伴設下的目標。要陪伴她走過這段路，必須接納她起伏的過程，即使她走兩步會退一步，即使她會停在原地踏步。

依蓮與我幾次談話之後，內在較為穩定、平靜，但她只要一回到家，不僅跟母姐衝突，與父親的關係既疏離也憤怒，她的內在經常受影響、起伏。家人的慣性應對，讓依蓮回到舊模式，內在重返痛苦狀況。

我常在這樣的處境下，除了陪伴孩子之外，我問自己還能做什麼。

孩子受家庭影響，狀況起伏、反覆，與此同時，我也思索，我還可以做什麼？

首先，我先往依蓮的家庭方面探索。

當孩子狀況不穩定，家庭的疏離、指責、說教，會引起內在不安。我為自己設下一個陪伴目標：**我是不同的典範**。孩子經驗不同的大人，對人有不同的觀點，有不同的生命體驗，也學會接觸愛與力量，將來擁有更多的資源。

我想邀請依蓮的父母談話，但是屢次被父親拒絕。

依蓮的爸爸太忙碌，無法抽空與我晤面，那麼我能做什麼呢？我不想留在抱怨或無奈的狀態。我持續請媽媽代為邀約，請媽媽肯定爸爸的辛勞，表達家庭需要爸爸幫忙，還請他撥空前來。

爸爸終於抽空見面，且是雙親同來見我。

依蓮的父親很霸氣，是個長年打拚的男人，要求自己努力賺錢，為這個家庭辛苦奮鬥。這位非常傳統的父親，搞不懂女兒怎麼如此，賴在家，不去上學，有什麼困難走不過去。

爸爸江湖味道重，內心卻柔情似水，只是滿口江湖粗話，藉此表達他對世界的憤怒。他跟女兒的關係亦然，將溫柔埋得很深，以賺錢養家表達愛，透過說教與指責表達期待，女兒自然感受不到他的愛。

當我跟爸爸說明，依蓮的憂鬱症狀況，需要多一點陪伴，需要多一點連結，爸爸無法接受。

爸爸憤怒的說，人生哪有跋不過的坎，涉不過的河。咬牙撐過湍急，迎來的就是天明，何來把自己綁死的人生黑夜。

爸爸陳述自己的成長歷史，是努力且不放棄的人，生命歷程讓人尊敬，他也需要被理解。我選擇安靜聆聽，並運用他的生命毅力、對事業的不放棄、對人生的奮鬥特質，連結他和女兒的關係，可以為女兒做些什麼，爸爸才稍微呈現柔軟身段。

與依蓮爸爸的見面，不如我預期的連結，我思索還可以如何對話？思考再約父親見面一次。**當陪伴者努力創造，卻未能達到期待目標，也常常使人心生挫折，更有甚者，也會自責，或者將依蓮看成受害者，心疼可憐依蓮的處境，陪伴的力量就弱化了。**

我還可以做什麼呢？我接著往學校思索。

依蓮的新學校下通牒，若是她經常缺課，可能無法準時畢業。依蓮的壓力大極了，晨起更無法起床上學，又不願意就醫服藥。我評估依蓮的狀況，她與同學格格不入，對老師有恐懼與防衛，若能給予舒緩的空間，較為溫和的應對，她的成長會比較明顯。於是我與學校聯絡，問老師是否需要協助，與老師建立陪伴網絡，給予老師支持與交流。

當依蓮抗拒進教室，她被安置在輔導室、圖書館，或者其他教室。這使老師亦充滿不安。依蓮在學校的時候，無法與輔導老師交流，不接受班導師關心，起因於她小學對老師的印象。

人們留存於內在的負面經驗，來自於過去發生的事件，影響了此刻的生活，老師想要協助卻困難重重。

我與導師幾次電話交流。導師相當認真誠懇，每當遇到依蓮有狀況，都來電與我討論，甚至與輔導老師聯袂見我。她們想幫助依蓮，但有很深的無力感，甚至深深的自責，覺得自己做得不夠好。依蓮能有認真的老師，願意額外付出心力陪伴，實在是無比幸運之事。老師卻為了不能夠做更多、更好，深感無力而自責，讓我無比嘆息。

盡責的教師能被自己看見嗎？能否以豐富的眼光看自己？

老師對自己的要求嚴苛，正是未照護自己心靈。殊不知自己的內在重要，才能滋生力量，陪伴他人。

若我是個認真的老師，不花時間在自責上，我要看見自己的認真；若有些部分沒做好，我會接納自己做不好，並且想想看怎麼做好。我將這份心意，跟依蓮的兩位老師互勉。

重複的困難

在學校老師的開放接納，以及全心陪伴之下，依蓮順利畢業了。

依蓮不想留在台灣讀書，想到國外留學。父母安排她到澳洲。依蓮換了個環境，但是內在力量仍舊薄弱，到了人生地不熟之處，巨大的恐懼接踵來襲。她上了兩次課，就無法再去了。

依蓮嘗試了很多次，試圖讓自己從床上爬起來、從寄宿家庭走到學校、在教室安定的坐下來，這些看似日常的簡單行動，她卻要費上好大的力氣，卻往往得不到好結果，她的恐懼尚未緩解，隨即面臨巨大沮喪，自責與痛楚重新衝擊，使她深陷漩渦中受苦，一度快要溺斃的感覺。

依蓮在台灣被家庭束縛，一旦脫離家庭環境，深深的孤立感來襲。她在家庭中被責罵，同時也備受寵溺。離開家庭求學，還學不會精神獨立，無法獨自面對陌生環境。

家人透過視訊，**表達的不是「關心」，而是「擔心」**，說理、要求一樣也少不了，依蓮重溫那種窒息的緊綳感。

好幾次掛斷視訊，她無法面對異鄉的冰冷，常常忘了自己在做什麼，一種無法定義的顫動，在心中喃喃遲疑著。

她往往回過神來，才發現自己坐在電腦前，已經不知發呆多久，或者躺在床上耗掉一個上午，陽光已撤到窗外的樹梢，樹上的鳥鳴，她充耳不聞，這世界跟她已經斷線似的。

都已經換了一個環境了，依蓮仍舊不能順利上學。她質疑自己的人生，質疑自己的價值，伴隨而來對父母的愧疚。她浪費了家裡的錢，卻一直、一直的一事無成。

她多次站在窗口，內在有股衝動，想要跳下去，了結自己。再也不會浪費錢了，再也不會增加父母負擔，所有的一切就到此為止了。

依蓮事後述說這段記憶，提到她臨窗的輕生念頭，卻沒有縱身跳下去，最後是什麼截斷了衝動？**她說，她想起了我，想著還有一個人，有一個人能聽她說話，在這遼闊的世界之內，仍有人願意傾聽她。**

依蓮說，她要回台灣，想找我談談痛苦，談談她經歷的困難。

她打算談完，再輕生，才不遺憾……

依蓮因為心靈的狀況，沒有辦法穩定上學，形成如今「行為」的狀態，是心靈現象的顯現。按照腦神經科學、心理學的說法，依蓮的心靈、行為來自成長的歷程，家庭的環境與應對是關鍵。

我以陪伴者角色出現，好久才見她一次面。我沒有更多機會，或者更大能力改變家庭，但能讓依蓮與我有連結，**體驗「有人能這樣應對我」的經驗**，這是守護她心靈力量的養分。

我與她的對話品質越高，她越能體驗更多的接納、愛與力量，才更有機會成長。

「給予她穩定的關懷，每次對話讓她長出力量，讓她靠近自己的心靈，學會為自己負責，這是我為自己設下的目標。」

這是我陪伴依蓮的信念，已在此篇文章提及，我重新又標註出來。我不以她是否上學為目標，雖然我也這樣期待。上學與否是她表象的行為，亦即「冰山表面」狀態，我更注意的是「冰山下層」，身為一個人的部分。

她的「冰山上層」亦看得見變化，我將這個變化列出來，這是一般人比較少注意的。

她初次與我見面就跑走↓她願意旁聽我説話↓她願意與我約時間↓她向我訴説傷害與痛苦↓她開始願意信任「老師」（我也是老師。）↓她很勇敢出國留學↓她即使想輕生，也想到有一個人可以理解，她希望能先談話……

我將最後面的狀態以線條標註，以為這就是陪伴者的力量，點亮她在絕望時的一絲光，有一絲連結愛的可能。即便她置身於荒蕪，仍願意回頭眷顧的驀然燈盞。

不妨設想在這世界上，多少孩子遇到困境無解，可能就此縱身下跳，結束了自己的生命。若是當時有一絲愛，只要有一絲絲愛，去聯繫那絕望的生命，證明自己還值得活下去，是否會延緩結束的步伐？

或者說，當孩子們站在懸崖邊緣，此身被絕望的引力帶走，但最後沒有往下跳，是什麼讓他們回頭？

或者說，曾發生的隨機砍人案件，若是案主心中還有一絲愛，是否會放下那把刀？也許他在犯行中閃現愛，是否有更多機會停下刀？

每一個來世間的生命，自有其苦難煎熬的時刻。每當來到臨界點，或踩著將縱身一跳的細步，步入自毀的深淵，或者將要毀滅他人生命。他們在心靈絕望毀滅之前，世界還有什麼值得眷戀的美好？

我在青少年時期曾經想過，這世界是否有一個人，能真正接納我、愛我？成為我困頓之際的溫潤微曦。我底層最終冒出來的聲音，都是我的父親，即使他教訓我、責罵我，但他也真正包容過我、接納過我，而且愛過我。

父親常常對我說：「老子愛你……」

父親也是絕望的，他是山東來台老兵，歷經了家道驟變、戰火紋身與婚姻挫折，他的生命是海峽兩岸近代史的縮影。但是父親對我訴說愛，且腳踏實地的實踐愛。他辛勤為我煮飯，在絕望中，仍展現對兒子之愛。

父親的身影在我心靈永恆停駐。那個身影是我絕望之時，是我生命翻來覆去之際，是我涉過險灘擱淺時，漸漸浮現出來的寄託，一種隱形的、不一定被意識的力量。

我曾陪伴甚多的孩子們，他們都曾經在輕生之前找我，表示他們心靈裡還能感受到愛。我要做一個給予心靈滋養的人，守護他們脆弱心靈，因為我有能力先守護自己。

這份生命中的心念，是我也深深感受過的愛，來自我父的饋禮。

連結自己與家人

身在國外的依蓮好久沒見我了。她一見面，滑下大量眼淚，訴說著自己的辛苦，伴隨著大量自厭、自棄的語言，她「對自己恨鐵不成鋼」，覺得自己「一無是處」、「糟糕透頂」……

依蓮對自己的觀點，是一個褊狹觀測。但我先安靜的聽她說。她說她的艱難困境，以及內在的傷痕，內在又如何絕望，並對自己斥責不已。接下來，我好奇她怎麼面對，她怎麼還願意面對，她怎麼可以這麼勇敢？她的英語學習怎麼這麼快？她怎麼這麼善良？這麼恐懼卻又不斷挑戰！

我以全方位的觀點看她。

最後，我告訴她，妳若是女兒，我看見妳這麼多的努力，我會為妳的努力驕傲。

依蓮聽到這番話，一則心中有了溫暖，一則為著缺憾而痛苦。後者的缺憾是爸爸不曾看見她身為女兒的努力。爸爸只看見她的懦弱、她的不知上進、不懂感恩、不願學習……

想到此，依蓮哭得幾乎胃痙攣，雙手捧腹，痛楚的說：「如果爸爸能看見。如果這樣看我就好了……」

依蓮從來不敢與爸爸連結，甚至討厭爸爸，但內在卻存有這麼深的渴盼。爸爸當然愛依蓮，怎麼會不愛呢！只因為他的「應對」是指責、說理與轉身離開，他這種面對家人的應對姿態，依蓮無從體驗到愛。

這樣的父愛，如何顯化於外在呢？如何跟依蓮的渴盼連結？這是我接下來想做的事。

我想再次邀請爸爸來。父女面對面坐著，由依蓮說給爸爸聽，說自己的渴盼，也說自己的努力。

依蓮絕望的說：「爸爸不會來，他來了，也不會聽的。」

我請依蓮從我的視角觀看她。她僅有十六歲，用一個新角度看自己，她可以先愛自己。

依蓮同意邀請爸爸來，若是他願意的話。

爸爸仍舊願意再來，來時倒是有些無奈，頻頻搖頭之外，也感嘆自己的無能，不明白孩子為何變成這樣。他是一個戮力不懈的爸爸，怎麼會養出如此女兒？父親的語氣帶著斥責，與我們第一次見面時差不多。

依蓮坐在爸爸對面，雙手用力的搓揉。

依蓮的內在很不安，平時不常跟爸爸互動，如今面對面很尷尬。

我先與依蓮對話，顯現依蓮的內在，呈現給爸爸瞭解，讓他看見女兒如何努力。

我讓依蓮觸及自己的恐懼，觸及一個勇敢的自我，使父親看見依蓮的勇氣，並且攤開內在的痛楚，以及她面對挑戰的不放棄。

依蓮在眼淚中訴說。

這個勇敢的靈魂，第一次在爸爸面前表達，表達自己從未放棄，也表達自己陷入恐懼；她也不願意被恐懼困鎖，卻無論如何擺脫不了這種情緒。

依蓮始終低著頭，顫抖著身軀，訴說這一段經歷。

我為她深深感動，她要面對爸爸訴說這一切，對她而言多不容易。

薩提爾的守護之心

依蓮的爸爸呢?此刻正坐在她的對面。

爸爸的表情冷靜,更準確的說是冷峻。他蹺著一隻腳,雙手環胸,像個法官,瞇眼流露銳利目光,聆聽女兒的訴說。他冷酷的表情,我不陌生,和我認識的依蓮神似,是一種應對世界的姿態。

此刻爸爸如此的神情,樣貌看似漠視女兒。但我深信爸爸內在有觸動,只是他的姿態容易讓人誤解。這外顯的聆聽姿態,來自爸爸的生命歷程。

他是一個傳統的漢子,成長期間被孤單與責任環抱,進入了社會欲出人頭地,以這種姿態克難度關。只有曾經領受那份孤單、體驗過承擔責任的孤獨者,才會期許自己當個漢子,成為養家活口的父親。

然而這個孤獨者,成為父親仍是孤獨者,聆聽世界的姿態漠然,容易使人誤以為不解風情。

爸爸雙手環胸,打斷了談話,「能不能聽我說兩句……」

我讓爸爸說說自己。

「爸爸告訴妳一個故事。我小的時候……」他說起自己的故事,故事背後要傳達的是:做人就是要努力,再努力。

因為爸爸是，漢子。

我理解爸爸的用心，理解一個鐵血漢子。爸爸是勇敢的漢子，溫柔藏得極深，深得不像是放在口袋，能隨時隨地掏出。溫柔的父親有缺憾，他最遺憾的是女兒不親近，甚至回家連「爸爸」都不喚。爸爸以酒精應酬，理所當然的逃離，多虧酒精才能說出真心話，這才是剛烈的漢子所為。

此刻的爸爸沒有喝酒，能說出的肺腑是言之以理，是話說從前的咬牙度關。雖然層層話語的核心包藏對女兒的關愛，但不易被看見。

女孩聆聽爸爸的故事，頭垂得更低了，以表情拒絕聆聽。但是爸爸並未覺察，**他這一番話說從前，也是渴望被理解呀！但是，誰能先理解誰呢？**

當爸爸說完故事，我問依蓮聆聽的感受。

依蓮說自己聽無數遍了，她很勇敢的表達，不想再聽這些了，內心覺得很煩躁、無奈。面對爸爸表達的愛，依蓮內心感受不到。我的提問不停留在此處，而是繼續探索依蓮的深層聲音，她除了無法感受到之外，還有深深的自責。

自責是自己插在心上的刀，氣自己無能為力、不長進，氣自己達不到要求、浪費時間，更浪費父親的辛苦錢，這種纏身的無力感，引爆對世界的絕望。這些並不是剛

薩提爾的守護之心

強的漢子父親所知道的……

我眼前的這一對父女，多令人悲傷？他們有很深的愛，愛的頻率卻不同，他們有相同的渴望，卻無法搭上線……

爸爸的愛，深藏於內心，要如何讓女兒連結？

依蓮發生拒學的狀況，與爸爸不親的應對，要如何讓爸爸理解？

再深入引導依蓮內在語言，依蓮再次泣不成聲。她對著爸爸說：「你讓我感覺很糟糕，我是個糟糕的人……」

我問爸爸愛女兒嗎？

爸爸大力點頭，「當然呀！我當然愛女兒，我真愛我的女兒。」

我問爸爸幾個問題，能否接受女兒失敗？這個努力卻失敗的女兒，還值得爸爸愛嗎？爸爸要如何表達愛給女兒？

爸爸停頓了很久，沉默、思索，不答話，不知是難以自處？還是願意調整應對？畢竟對於一個剛強的漢子，要表達對女兒的「愛」，這是太不容易的事了。最後爸爸嘆了口氣說：「我當然願意。」

我調整了他們的座位，邀請女孩靠近爸爸。依蓮顯得很不自在，表情顯得非常尷尬，我鼓勵她靠近自己內在，讓爸爸瞭解自己更多。她的內在渴望靠近父親，但是她的身體、行為與表達，卻讓爸爸誤解了。

依蓮鼓起勇氣，挪動身子，靠爸爸更近了。

依蓮的爸爸，不愧是堅毅且溫柔的男子，倒是主動挪動椅子，將身子拉靠近女兒，雙腳碰到了女兒的雙腳，雖然依蓮仍低著頭。這或許是漢子打招呼的起手式，稍縱即逝，卻彌足珍貴。

不知道多少年了，父女同住一個屋簷下，這次是依蓮最靠近爸爸的時刻。

我邀請父女倆握著彼此的雙手，感受對方肢體連結的能量，進一步推向父女的連結。我邀請依蓮對父親說出感受，說出自己內心的話，就像剛剛她大膽的表達。

依蓮顫抖身軀，眼淚大量的掉落，說：「爸爸！對不起。我不是故意的，但是對不起，真的對不起……」

我為依蓮感到尊敬。

我看見一位疏離的女兒，如何渴望表達自己，這何等困難的事，如今她做到了。

我邀請爸爸，說說自己聆聽的感想。

爸爸一開口就是道理，立刻被我打斷了。

薩提爾的守護之心

我問爸爸，是否支持依蓮？願意給她力量與愛？

爸爸說，「當然呀！」

我請爸爸思索，身為愛女兒的父親，可以怎麼表達，能讓依蓮感受到力量，感受到父親的愛。

爸爸思索了一會兒，第二次開口表達，仍是一番大道理。

我請爸爸再次暫停。

我將他說出的道理，由我整理後複述，請爸爸思索，這是否是他要表達。

爸爸很可愛的說，好像不是他要表達的。

爸爸吸了一口氣，來到第三次嘗試，脫口仍是大道理。

這個剛正的漢子，嘗試了三次仍不放棄，他真是愛女兒。

爸爸的「說愛練習」，來到了第四次。

難能可貴的時刻，總有繁花盛開，與依蓮同樣擁有不放棄特質，這位漢子爸爸最後真心柔情的說：「爸爸看見妳努力了，最後就算妳失敗了，爸爸也永遠接納妳，爸爸看見妳的勇敢了，妳一輩子不讀書也沒關係！爸爸會養妳，爸爸很愛妳……」

依蓮深深的落淚了。

有了愛，才有力量。愛是體驗性的，愛不是一個道理。

爸爸握著女兒的手，站起剛強的身軀，緊抱住女兒，有些生澀、不流暢，畢竟此生從來沒有這樣過，這也不是他習慣的表達方式。但是身為一個漢子，願意跨出艱困的一大步，並且真心說：「爸爸真愛妳。」

依蓮伸手抱緊爸爸，僅僅抱了一秒鐘，雙手漸漸放下來。依蓮需要更多時間連結，但是今日有了一個好的開始。毫無疑問的是，此刻他們的愛搭上線，處在共振狀態，很令人動容！

陪伴看歷程

依蓮回到家居住，暫且休息一段時間。她心裡繫著未來，考慮著自學、共學等各種方案，積極上網找了幾所適合的學校。依蓮在家並非全無問題，只是家人之間多了覺察，應對姿態不停留在往日的慣性。她仍要面對家族、親人，尤其是面對她自己，她需要安排自己生活，重新建立慣性紀律，嘗試與人相處，仍需要一次次面對挫折。

依蓮終於願意接納心理諮詢，定期與心理師談話。過去她排斥見心理師，如今她跨出一步願意了，她聽從醫生建議，斷斷續續安排運動，也安排與親友旅行，還有參加青少年心靈團體。

依蓮與我仍然見面、談話，只是很久才一次，我感受到她逐漸穩定。她說不想對我依賴，想靠自己力量站起來，雖然她很渴盼見面。更多的時候，她是寫信給我，或者在困難時打電話。她仍然會有陷溺的時候，尤其在父母吵架的時刻，父母又不理解她的時刻，或者面對挫敗、孤單的時刻，只是陷溺的頻率減少許多，從中爬起來的速度快多了。

陪伴孩子成長的過程，我常邀請孩子回顧歷程，看我們經歷了多少路，而不是以成功、失敗來判斷自己。我引導依蓮看待歷程，她如何關關走過來，她如何觀看這樣的自己，她哪來的能量走上來，她怎樣不願放棄，她怎樣找到力量而做了那麼多嘗試。

透過每次的回顧，依蓮總說自己很了不起，內在的力量漸漸修復。她說自己改變了，能對父母表達愛與想法，面對挫折，也比較有力量。她為自己找了一所學校，雖然仍然會缺課，卻勉力完成學業，並且考上了大學。

在一個小型的座談會，我邀依蓮分享過往經歷，以及現在的心境。她一邊分享，一邊哭了。我問她的眼淚是什麼。她說為自己的努力而感動，覺得自己一路走過來不簡單。

分享會之後，不少家長紛紛提問，其中一個問題令我記憶深刻：「妳是怎麼改變的？」

「是阿建老師的愛與陪伴。」依蓮看了我一眼，很靦腆的說。

一位家長接著提說：「妳的雙親都在家，為什麼不是爸媽的愛？不是找爸媽陪伴，而是要找一個老師呢？」

父母都是愛孩子的，但是「應對」方式，讓孩子不感覺到被陪伴，在挫折時感受不到愛。

當孩子遇到挫折時，父母是否慣性責罵，是否淪於慣性說理，或是否不知如何應對？我在分享會舉了例子，當依蓮再次恐懼上學，夜裡打來電話，我給的是愛與陪伴。

面對依蓮這樣孩子，不妨思索：如果你是父母，會如何表達愛與陪伴，不妨思索自己的語言，是否充滿愛的力量，幫助依蓮站起來，而非寵溺或放任；或者如依蓮的爸爸，他三次愛的表達，開口即是大道理，需要練習直到第四次，才表達出對女兒的

薩提爾的守護之心

愛。我想這些答案，已在本文披露了。

父母給予的關懷與愛，來自父母的內在心靈，若是雙親不懂得照顧自我，也不容易守護孩子的心靈。

回想當初依蓮與我碰面，她一見我就扭頭離開，索性投身大雨中。後來依蓮跟我分享，當天豪雨綿密不歇，彷彿全世界都在下雨，落地形成猶豫、遲疑的聲響，正是依蓮哪兒都去不了的寫照，那是年少無方向的孤獨感。她只能進超商躲雨，看大幅窗景外的落湯雞世界，自己若有所思之後，再度走入雨中。

依蓮要去哪兒？

當時她念及雨中的狗，她轉身在雨中尋覓，不顧自身的穿過濃密雨幕，終於找到那隻野狗，蹲下來為牠遮雨，遞出超商買來的熱狗。

這是動人的一幕，想必觸動路人。

「吃呀！你好瘦呀！」依蓮遞上食物。

老狗亮著眼，塌著兩耳朵，殘著一隻腳，竟然不為所動。流動的是不停的落雨，在稀疏狗毛身上形成的小雨溝。

老狗寧可自甘邋遢，寧願與雨為伴，也不理依蓮的愛心。

依蓮感到生氣，老狗竟然不吃。牠那麼瘦弱，還跛著一隻腳，天落下那麼大的雨，依蓮好心買食物餵，牠竟然還挑食咧！

依蓮當時心想，「活該流浪街頭，我也不想理你了。」

然後依蓮與老狗背離了，越離越遠而斷了緣分。

女孩被老狗拒絕，再也不想理狗，亦是被拒絕挑起的傷，覺得自己行動不值得。**這是照顧者與被照顧者的關係，照顧者需要懂得覺察自己，更要懂得照顧自己。**若是老狗需要被照顧，而女孩尚未照顧自己心靈，就缺少深厚的能量照顧「他者」。女孩被流浪狗拒絕，那種不值得的感覺，亦常發生於照顧者身上。

依蓮心腸溫潤善良，卻遭老狗冷漠的回拒。若是老狗需要幫忙，在滂沱的大雨中，依蓮的背離而去，對依蓮與老狗就是兩傷，這何嘗不是一則助人者的寓言。

熱狗或許不適合狗，裡頭充滿了各種糖、油、鹽，這種人類食物對狗的健康不好，但沒有太多選擇的老狗悍拒了。牠需要什麼樣的關懷？我其實也真不懂。我沒有傳說中的法器，一只「所羅門王的指環」，戴上後，可以跟花蟲魚鳥獸溝通。我只是一介凡胎，是一位業餘的助人者，一位教師的角色，我多年來常做的是覺察自己，是否有任何情緒產生。然而理智常蒙蔽感官，生活遇到各種事件，以為自己並不在意，以為自己沒有情緒，卻常常是不懂得覺察自我。我只懂得覺察的功夫，一門日常練習的功夫，一道持之以恆的心法，如此就已經足夠了。

修練最難是日常

修練最難是日常

近年來，我常到馬來西亞舉辦講座，感受當地華人的熱情。今日與家人來訪，在下榻的旅館賞景，心情閒適安逸。遠處的朱槿花開得燦爛，在夕陽下透著霞光，看似牡丹之大氣，卻是尋常花容。這時手機響起，打破寧靜。話筒傳來的委屈聲音是，「崇建老師，我不想帶（孩子）了。」

一句「我不想帶了」，急急如飛鏢，從電話中射出來。

來電的張美心老師，是我教學上的得力幫手。她是文學與寫作老師，資歷豐富的帶領者，有無數引領孩子的經驗，不僅在寫作班教學，更帶過無數次營隊，努力發想新的課程創意。

面對較活潑、好動的孩子，她能稱職帶領，學生與家長對她評價甚高。

如今電話彼端的美心，在帶隊的新加坡哽咽，抱怨營隊的孩子十分難帶。加上她身體狀況不好，疑似發燒且嘔吐，內外夾攻之下，身心俱感疲憊，快要無力面對了。

如今回想這一段。張美心遇到了困難，事端源自我的善意。

我在家排行長男，下有三位弟妹，如今大家各自奔忙。我每年邀請大家聚會，連結彼此感情。逐年看著甥侄輩成長，想起以前帶學生活動，無論旅遊或閱讀，彼此都留下美好經驗，因此起心動念，想找老師帶領孩子們，進行教學與生活教育。這次選在異地文化交流，獲得新加坡友人支持，提供場地，另邀集當地幾個孩子，組成學習營隊。

美心第一天帶領營隊，就遇到重大的瓶頸，挫折與情緒推湧，抱怨孩子學習情況很糟。某個孩子上課很吵鬧，某個孩子不想上課，某兩個孩子常鬧脾氣，某三個孩子間有心結……

我在話筒這端聆聽，一邊聽美心抱怨，偶爾好奇她怎麼應對；一邊覺察自己內在，是否因此而有所波動？覺察內在成了我的日常。外在的應對姿態，由內在啟動所反應。當一個人有了情緒，會啟動不妥當的應對。若是懂得覺察、照顧自己內在，應對上會更自由協調。

尤以當美心說：「你的兩個孩子也不好帶……」

她說的兩個孩子，是我的姪兒孝宣與外甥女三三，都是營隊小成員，第一次從台灣來到異國交流。

我對甥姪輩視如己出。沒錯，彷彿父親被老師投訴。

若是過去接到如此電話，我應該會心裡驚愕，感到非常不舒服，接下來我的應對會是：跟對方說道理、討好對方，在語言中夾雜鼓勵、期待與指責，耗盡謀略攻防，或者卑屈求全，最後只是換來徒勞的對話。

如今我學習薩提爾模式，落實在自己生活中。在冰山下的「感受」中先覺察，而非即時反應。如今接到跨海投訴，迥異於以往的聆聽，我照例覺察內在，內心仍然安穩、平靜，歸功於長久的練習結果。

大腦神經科學家曾說，覺察情緒的練習，即是大腦肌肉的練習，這就像運動員鍛鍊肌肉：加強肱二頭肌能幫助舉重、三角肌提升肩膀旋轉、大腿四頭肌協助跳動，必須日日練習才行。

覺察情緒看似尋常功夫，卻是我多年訓練。腦部的肌肉力量已強大。**覺察自己情緒之後，我常與情緒相處，我稱之為「回應情緒」。**

當孩子情緒波動，大人知道孩子有情緒，需要回應孩子情緒，對方才會穩定下來。**理所當然的理論是，要回應孩子的情緒，需先回應自己的情緒。**

尤以當美心說：「你的兩個孩子也不好帶……」

我笑了，脫口而出的竟是：「喔！他們也不好帶呀？」

「對呀！他們也不好帶。」

「發生什麼事了？」

美心接著陳述狀況。我仔細聆聽事件，發現她並未照顧自己，也很難照顧這些孩子們。

我以「好奇」詢問美心，瞭解她遇到的困難。我這幾年推廣「好奇」對話，請大人強迫自己練習，每次都能應對十句好奇。將「好奇」的語句成為習慣，亦是一種大腦肌肉的訓練。

我這兩年出版的書，都與「對話」有關，以因應「加速年代」的來臨。我推廣的是，**練習「好奇」的對話，成為一種日常習慣**，才能為夫妻、孩子、父母、夥伴、同事等人際鏈，建立更好的溝通模式。

架構這溝通模式的動機，還有一個深層的底蘊：人如何覺察「自己」，懂得回應與照顧。在階級嚴明的職場，我常對自己提問，做為一個「上司」或者「指導者」，該如何坦誠應對，才能讓我的「員工」、「老師」、「夥伴」得到支持，讓他們更有能量面對困難。

長年下來，我帶領美心學習故事作文、閱讀推廣、薩提爾模式，被她視為「老闆」之一。面對我的「員工」，我的對話模式也是如此。美心能自在的對我傾訴委屈，我們彼此就有連結；她勇於訴說困難，至少有人能理解她。面對我聘來的老師，她如實呈現心靈脆弱，我也需要安穩自己的心，才能給予安定的回應。這是我學習薩提爾模式的心得。

社會上習慣的應對方式，多半是給予教導、給予期待、喊喊「加油」，也許短期有效，長期下來不一定有力量，反而萌生無力感，內在能量較易耗弱，也無法發展更好的能力。

簡短的電話聆聽後，我請美心照顧自己，照顧自己的身體，也照顧自己心靈。若是身心壓力大，視狀況，休息無妨，無須牽掛孩子們；若是身心能負荷，授課盡力就行了，不必勉強與孩子的互動盡善。觀察他們狀態即可，不進行課程活動，也無妨。

接著我與另一位老師欣蓉對話，瞭解營隊的狀況。欣蓉也是一位優秀教師，此番與美心共同帶領孩子們，在新加坡也感到煎熬。這異地教學並不容易，她們既是老師，又像保母照顧孩子，還得掛心對我有所交代。

新加坡之行結束，我邀請欣蓉寫授課觀察，撿選幾個重要事件，美心過目與增刪文字，交給我與耀明修改、整理。我除了在她的行文間論述，並在每小節後頭加註【觀察與思索】，但為了保持事件陳述的流暢，每小節的【觀察與思索】歸整並放在營隊事件之後，方便閱讀。

以下紀錄，讀者可以思索，若是遇到類似事件，內在會有什麼情緒？又會如何應對孩子們？

日常應對生煩躁

在新加坡辦營隊，為期只有一週，但過程風波不斷，師生吃足苦頭。

來到第五天的戶外教學，走訪新加坡動物園，觀察珍禽與瀕危動物，拍照與記錄園內點滴。大家返家休息片刻，孩子們精力恢復了，翰廷立刻呼朋引伴，在遊戲室奔跑玩耍。翰廷年方九歲，課室是借用他居家的遊戲室。他率先衝進去，打開一箱箱玩具，有著用不完的體力。

看著孩子精力充沛，欣蓉跟美心卻提不起勁。

新加坡是炎熱的熱帶，歷經戶外教學歸來，身處冰涼的冷氣房內，身心卻未真正靜下來。當地文化與台灣不同，冷氣需在二十度以下，以防止細菌滋生。兩人卻覺得寒氣逼人。冷熱在瞬間交替，身心難以消化，一個發燒，一個肚疼，吃了藥，還昏昏沉沉，狀態都成了病貓，不如動物園的藪貓活躍。

孩子們仍活力十足，已無不熟識的生分感。彼此的關係像化學變化，如此和諧的玩耍。外頭的太陽隱沒在高樓，此刻略有一絲微風，帶來庭院植栽的味道，但沒有減低翰廷的熱情。他以小主人身分招呼大家，直到某學員在他耳邊說：「你的玩具要掉入水裡了。」

翰廷看向落地窗外的游泳池畔。

衝突來了。

小孩子的衝突，考驗的常是大人。

落地窗外的三三，蹲在游泳池畔，拿著翰廷的小玩具，享受涼水衝激的快意，手中玩具竟不經意落水了。電光石火之間，翰廷大力推開落地門，怒目而視，氣氛凝固僵住了。原來是三三將翰廷的玩具掉落水中，引爆雙方衝突。

頭腦仍昏悶的美心，見苗頭不對，立時趨近前問：「發生了什麼事？」

年齡相仿的兩人都不說話，以肢體語言應對。三三面無表情，冷漠看著前方，雙手抓著階梯扶手；翰廷緊繃著臉，使勁搡著她的背，表達不滿的情緒，現場有山雨欲來的肅殺感。

美心急忙將兩人分開，手中傳來翰廷的抗拒；三三緊握扶梯的手臂也是如此僵硬，誰都不想讓誰。翰廷的滿腔憤怒，對上三三的恐懼，雙方情緒一觸即發。

翰廷執意三三撿起玩具，他一邊低聲怒吼，一邊倒數：「我給妳一分鐘！撿起東西，六十、五九、五八……」。

他在池邊來來回回，每往前踏出一步，嘴裡的數字便少一個。

三三別過頭去，對數字充耳不聞，沒任何動作。她向來不服硬。

美心此時蹲下來，專注看著三三，用低緩的語氣說：「妳把翰廷的玩具弄到泳池裡了，要負責把它撿起來。」

「我撿不到啊！」

「我們可以想辦法。」美心看著三三，態度堅定。

「拿網子撈嗎？」

「好辦法，哪有網子呢？」

「我不知道啊！」三三的雙手一攤。

「要跟翰廷借借看嗎？」

三三陷入沉默，不知道如何開口，或者不想跟翰廷開口。

翰廷的倒數聲越來越小聲，甚至退回屋裡的玻璃門後，漸漸的安靜下來。他凝視著門外動靜：正在想辦法的美心和三三。

面對困難的狀況，三三的腳板踢著泳池水，揚起一圈圈的漣漪，正是她心湖的寫照。忽然她望向層層水波，神情出現喜色，舉起手，指向泳池，說：「可以用撥水的方法嗎？」

泳池裡的玩具輕，是小型的樂高人偶，高約三公分，輕浮在水面，隨水波盪漾，此刻會游泳似的，隨漣漪漂過了水中央，為三三帶來希望。她希望以水波效用，將玩具推向彼岸。

「當然可以！」美心回應。

只見三三輕撥水面，發動一圈圈水波，樂高人偶漂向岸邊，美心則到泳池另一端等待。門內的翰廷不再倒數，豎起的肩膀微微鬆懈，一轉眼便又跑回教室，不時透過落地窗，觀察窗外的狀況。

三三努力揮動雙手，盪起更多的水花，玩具漸漸朝岸邊靠近。當美心撿起漂流的玩具，高高舉起時，三三的眉眼笑綻了；落地窗的另一側，則是翰廷放鬆的臉龐。

這對三方都是一場困難任務。劍拔弩張的緊張，此刻安然和諧，彷彿天空不曾風雨也無晴。**【觀察與思索 1】**

孩子衝突是家常

教室地毯上，散落著玩具，孝宣安靜寫作業，小小身影賣力動筆。他來到新加坡移地教學，一天時間得分配好，需完成台灣學校的作業，以便安心進行海外交流。

翰廷經歷池畔事件，又恢復活潑的狀態，煩惱已煙消雲散，笑咪咪朝孝宣靠近，無聲無息像靠近獵物，一如婆羅洲的巽他雲豹。欣蓉看在眼裡，心想待會兒孝宣寫到一個段落，就能轉身好好玩了。

欣蓉才顧及他事，風波剎那間來了。

翰廷與孝宣已經追到戶外，不像是遊戲追逐。後者大叫一聲，握緊拳頭，隨即漲滿情緒跑回屋裡。翰廷則是站在泳池旁，雙手插腰哈哈大笑。一波甫平，一波又起，又有東西落入池中，這次是孝宣的橡皮擦，安靜沉睡在池底，再沒有漣漪可以推岸邊。

美心趕緊過去關切，專注看著翰廷，陳述客觀事實：「翰廷，孝宣的橡皮擦掉到水裡了。」

翰廷想說什麼？但是一股情緒湧動，按捺不語。

誰知三三搶先過來，為撿起玩具的事件，找到了情緒出口：「要叫他撿喔！是他弄下去的！」

三三的情緒被勾起，考驗老師是否公平！這是孩子之間常見的戲碼。

這考驗難不倒翰廷，他是游泳健將，也是宅院小主人。游泳池是他的遊樂園，他再熟悉不過了，平時放學歸來，任何時候他都能撲通一跳，如深水炸彈爆破入池，將新加坡的熾熱頓時泯除。

翰廷作勢要脫掉衣服，自信滿滿說：「我可以跳下去撿，現在。」

他蓄勢待發，T恤已經拉到脖子，只等老師點頭許可。**【觀察與思索2】**

孩子衝突，大人難為

即將上課了，要是孩子濕漉漉，恐怕延誤上課，或引爆另一種失控。老師面臨著兩難，美心此時機靈的說：「翰廷，你當然可以下水撿，我相信你做得到。但是，有沒有更好的辦法，不用下水也可以撿起來呢？」

美心此刻很有智慧，以創意面對困難，而非一般的指責、說理，或者幫他解決問題。

翰廷的頭歪向一邊，停頓了數秒鐘，眼睛亮起來：「有！」

他立刻消失在眼前，出現時手上多一支撈網，桿子明顯太長，他瘦小的手卻努力拿著，向泳池慢慢探去。

池央泛起一陣水聲，橡皮擦被撈起來了。

警報解除了，兩位老師鬆一口氣，領孩子們走回教室。翰廷拿著橡皮擦把玩，單雙手拋來拋去，並無回到教室的意思。橡皮擦使用過，並不是有價值之物，翰廷卻要掌握最後價值，不斷放在手上把玩。

「翰廷，橡皮擦是孝宣的，要拿去還給他。」美心坐在翰廷前面問，「你想要這個橡皮擦嗎？」

翰廷搖頭。

美心繼續問，「還是你跟孝宣借的？」

翰廷依然搖頭。

美心表明了規則：「那是孝宣的東西，你必須還給他。」

美心明確的給予訊息，並且是溫柔、堅定的，這在孩子衝突時、犯錯時是必要的。

翰廷攤開手掌，看了橡皮擦最後一眼，手突然一甩，橡皮擦落地滾動，回歸到孝宣的腳邊。埋首作業裡的孝宣，看見橡皮擦滾過來，將它撿起來，緊緊握著，嘴巴也緊緊憋著，看得出情緒在高張狀態。

表面上看似和諧了，卻種下伏筆。

此處若能向翰廷表達，他想要連結的心意，是朋友間最美好的部分，但是丟橡皮擦的方式會被誤解；教師再進一步表達，他還給朋友東西，是有勇氣的決定，但是用丟的方式不妥當，但老師欣賞他，並關心翰廷的情緒，這可以視為完整的程序——**教師處理事件且教導，教師以豐富的眼光，看待孩子處理事件，也照顧孩子心靈。**

另一方面，此處若能向孝宣表達，翰廷想要連結玩耍，是一份朋友的心意，但是他的行為不適當，因為沒有顧慮孝宣；再進一步可以表達，翰廷並沒有擴大衝突，這是很不容易的決定，更可以教導孝宣，如何穩定的表達自己在忙，可以減少朋友的誤解——**教師以豐富的眼光，看待兩個孩子互動，表達翰廷行為不適當，也讓翰廷內在冰山被看見，也讓孝宣內在被看見。**

大人溫柔、堅定的表達，關於自己的關懷、想法、規則與界線，是教育中重要的一環。

下午的課程開始了，延續上午活動，將動物園戶外體驗，以相機拍下的指定任務，此時進行分享與寫作。小學員拿出相機或手機，找出自己的最佳圖片，構思如何以文字呈現。

孝宣從背包拿出相機，專心挑選相片。翰廷靠過來示好，彌補剛剛的衝突，這個動作可看見翰廷的柔軟。只是他示好的方式，還學不會如何周全，他有連結的美好心意，卻很少有人與他討論，人與人連結的藝術如何做。他沒有得到孝宣同意，便伸手奪走相機。

此舉惹怒孝宣了，除了一手搶回，還低吼，「這是我的！」

「借我看一下呀！」翰廷又將相機搶走。

「我說不行！這是我的！還給我！」孝宣立刻奪回來。

原本並肩坐著的兩人，這下扭搶成一團，像兩股糾纏的麻花。

翰廷的笑容僵在臉上，料想不到孝宣如此反應，他不甘示弱的重擊，下了逐客令：「你走開，這是我家，我再也不想看到你！」

孩子就是未來的大人，孩子之間的表面衝突，未來成為大人之後，也會遇到類似狀況：**翰廷需學會如何靠近他人，維持一份親密的關係，或者一份健康的人際關係；孝宣需學會應對界線，學會守住自己，也表達自己，當他人想連結但越界時刻，孝宣可以更多選擇，選擇如何回應他人。**

成人亦常面臨關係問題，朋友、同事、上下屬、客戶、陌生人、伴侶、婆媳、親子……各種關係，**學會如何維繫或者斷開一份關係，都是成長歷程裡的功課。教育者的功課，就是幫助孩子成長，而非避免問題的發生，或者只是判斷誰對、誰錯。任何發生都是學習，大人要幫助孩子學習。**

遺憾的是大人還未學會，也有類似功課未完成，就不易幫助孩子成長，以一顆心去守護另一顆心。

孝宣聽了逐客令，瞬間蜷縮大哭。

原本熱情學習的教室，陷入了尷尬狀態。

翰廷眼神變得銳利，像受傷小動物，身體往後挪移；孝宣則握緊拳頭，衝出教室，不願意待在這兒。

兩個孩子都受傷了，只是受傷的反應不同。兩位老師都看在眼裡了。

孝宣到客廳啜泣，收拾泳衣和課本，打算從這兒離去。但是背包拉鍊才一拉，心想家在遙遠的三千公里外，此刻置身異國，哪兒也去不了。

他再次抱著膝蓋，無助的低下頭來。**【觀察與思索3】**

兩位老師怎麼處理呢？

「孝宣，你很難過，對吧？」欣蓉在孝宣身邊坐下來。

孝宣沒說話，微微顫抖身體。

「我猜，你很生翰廷的氣，對嗎？因為他隨意拿你的東西。而且他這樣說，要你離開他家，讓你很受傷。對不對？」

欣蓉摸摸他的背，安靜陪伴傷心的他。

不過她還有課程，其他孩子等著上課，只能誠實告訴孝宣，「你想待在這兒，自己先難過一下嗎？我知道你很難過，但是我快要上課了，只能再陪你一下子。你想一個人待在這裡嗎？」

孝宣埋在手臂的頭，輕輕點了兩下。

孩子在很小的年紀，需要被教導是非，也需要被大人陪伴，這是守護孩子的心。

大人若能溫柔堅定、不被情緒影響，並且能關懷孩子的內在，就能表達是非對錯，讓孩子學習成長。此處欣蓉若能表達，前述所提到翰廷的「連結是好的」、「方式是錯誤的」，就是給予孩子學習，**什麼才是適當的行動，以及豐富的眼光看待彼此。**

欣蓉點出孝宣的情緒，並且安靜的陪著，這就是允許孩子失落，並且陪伴孩子受傷。

衝突過後的翰廷呢？

大聲吼完逐客令，翰廷橫躺在地毯上，臉上沒有勝利表情，雙手擺弄著機器人。

這機器人三十公分高，是人工智能的現代科技，造型極具未來感，能做出動作反應，也可以當作靜態玩具，是翰廷的好朋友。無論在任何時候，它都是陪伴主人的好對象。

美心坐過去，問：「翰廷，你在生氣嗎？」

翰廷沒有看美心，只對著機器人慢慢點頭，說：「為什麼？我的玩具都借給他，他卻不讓我看他的相機。」

「你分享玩具給孝宣，對方卻不分享相機給你，這讓你覺得不舒服，對嗎？」美心整理翰廷的話。

翰廷又對機器人點頭。

「翰廷，我覺得你好大方，你跟所有人分享你的玩具、你的養樂多，還有照顧所有人。我覺得你是很棒的主人。我覺得你剛剛會生氣，那是很合理的。」

這番話既出，翰廷轉過頭來看美心。

此處美心用豐富的眼光，看待翰廷的行為，是非常好的示範。可惜的是欠缺表達規則，此處的規則是「人我界線」。若美心能引導翰廷，分辨生氣與生氣表達，將會是理想的面貌。

翰廷從失落轉化為生氣，他的情緒要被辨認，才不會一直被情緒困擾。美心在此辨認、接納，並說出翰廷情緒，接納孩子的情緒，這也是守護孩子的心，是非常重要的一步。

翰廷的行為有欠妥當，那是情緒的表達不當，這是情緒教育中的一環。

美心把聲音放柔，說：「你知道嗎？那台相機是孝宣跟爸爸借的，對他來說很重要，他很怕弄壞。他也許不是不想分享，只是相機太貴重了，他才會很擔心吧！」

「可是我都把我的玩具借給他！」翰廷的怒氣又上來了，轉過頭去看著手上的機器人。

「我知道……」美心再次放輕語氣，「你是很大方的主人，這並不容易。孝宣不借給你相機，你可以生氣。」

翰廷的眼神飄回來。

「可是啊！剛剛孝宣哭得好傷心。他把相機搶回去，卻沒有高興，反而是哭了。我在想他很重視你，他那麼喜歡你……」

美心此處的處理，是以解決問題為目標，讓兩個孩子能和好？或者讓他們不生氣？因此美心說了不少臆測言語，其心意本良善，且應是耐著性子說。若是改為探索

翰廷行為，照顧翰廷受傷的內在，才能讓孩子有所成長。

翰廷沉默了，頭又轉過去，看著機器人。

美心拍拍翰廷的肩膀，之後離去，留給他時間獨處。

美心接著走到孝宣身邊，說：「孝宣，翰廷說不想看到你，你一定很難過吧！他搶了你的相機，你一定很不開心。但是翰廷的想法可能是，他把玩具借給你，也想看看你的相機。」

美心這裡的處理，說出翰廷的想法，具有讓雙方瞭解的作用，若再補上「行動不一定恰當」就會比較適當了，**避免讓孩子誤以為「當別人把東西借給你，你就要將東西借給人」的邏輯。**

孝宣紅著眼眶，充滿悲傷和憤怒，默默不作聲。

倒是翰廷跑進跑出，拿著玩具來來回回，一下子上樓梯，一下子衝往廚房，若無其事的探聽敵情。

美心又說：「我知道你很生翰廷的氣，不過這裡是他家，你很難不看到他。」

孝宣的頭低下來，靠在屈起的膝蓋上。

此處不僅是翰廷的家，也是上課教室，教師需表達界線，才不致讓孩子陷入無助。若是美心表達界線，孝宣較有力量站起來，而翰廷有機會學習權利界線。然而美心已筋疲力竭，對孩子可能諸多抱怨，照顧自己都成了問題，況且教導、表達界線尤其困難。那不只是孩子功課，更是大人困難的課題。

孩子的情緒還在流洩，老師有時間上的焦慮。美心決定誠實告知孝宣，接下來會發生的事：「待會兒上完課，我和欣蓉老師要先回飯店，你要留在這裡用餐。」

孝宣的眼淚掉更多了，顯得無助，他得繼續面對翰廷。

「不過，六點時我們會再回來，到時你阿伯（崇建）會從馬來西亞來。這段時間，你留在這裡，可以嗎？」

也許是聽到熟悉的稱謂「阿伯」——對他視如己出的長輩，孝宣正眼對上了美心。美心秀出手錶上的數字，「阿伯六點會來這裡，現在是四點鐘，還有兩個小時，他就會出現了。」

孝宣聽得專注，緊盯著錶面。

「如果你不想待在這裡，我們可以再想想辦法。」美心大可帶孝宣回飯店，如今卻給他挑戰，「你覺得你做得到嗎？你想留下來嗎？」

美心此處的作法甚好，讓孩子自己選擇，而不是以照顧為名，讓孩子選擇回飯店，亦不是以負責為名，讓孩子留下來。

孝宣沉默了一會兒，微微點頭。

「確定嗎？你可以留在這裡等我們兩個小時。」

孝宣點頭，眼神比較堅定，眼淚不流了。

「謝謝你，我欣賞你的選擇。你很有勇氣。」美心給予回饋。

美心此處的對話，是非常好的提問與表達，好奇孩子是否可以，讓孩子有權利選擇，表達隨後的行程安排。**【觀察與思索4】**

豐富、可愛的孩子

翰廷賴在教室地上，若無其事玩機器人，眼神飄向客廳方向，那裡有被他激怒的孝宣，令他有所掛念，完全無心於課堂。授課的教師欣蓉，將參與課堂決定權交給孩子，因為崇建事前交代，**營隊並非義務學習，事前也未與孩子充分溝通，所以給孩子較大的自由。**

但是沒有人知道，翰廷要躺多久，才能化解縈繞的情緒。這時美心剛巧經過，翰廷躺在地上招手，「我有話跟妳說。」

「好呀！」

翰廷依舊對著機器人說：「他在做什麼？」

「誰在做什麼？」美心明知故問。

「他在做什麼？」翰廷抓著機器人的手，指了客廳的方向。

美心故作恍然大悟，「你說孝宣啊，他在哭。」

「為什麼哭？」

「他很傷心。」

「我讀二年級，他三年級，可是我沒有哭。」

「你的意思是，孝宣比你大，所以他不應該哭嗎？」

翰廷點頭，繼續說：「這是我爸爸的房子，他不可以在我爸爸的房子裡哭。」

「在爸爸的房子裡，不可以哭嗎？」美心看著翰廷點點頭，才問，「你在房子裡哭過嗎？」

「有。」

「發生了什麼事，讓你覺得不可以在房子裡哭呢？」

「這是我爸爸的房子，他不可以在我爸爸的房子裡哭。」翰廷沒有正面回答，只是強調這句話。

「可是孝宣現在很傷心，你可以再給他一點時間嗎？」美心詢問，看到翰廷點點頭，說，「那孝宣可以回教室，跟大家一起嗎？」

「可是他不可以玩我的玩具。他有自己的玩具。」

「我覺得很公平。」美心贊同。

美心此處連續幾個問題的詢問：「你可以再給他一點時間嗎？」「那孝宣可以回教室，跟大家一起嗎？」是將權力讓給翰廷控制，使翰廷的界線擴大，坐實可以支配課堂；課堂的使用權力、支配權應是教師，此舉將孩子供上神桌，教師顯得「討好」了。**翰廷擁有不上課的權力，但並沒有阻止他人學習的權力，美心將提問帶到危險之境，並不需要問這些問題，可見「好奇」有多處地雷。**

除此之外，美心以豐富眼光，稱讚翰廷的大方，**正是以豐富的眼光，看待孩子的表現。**因為翰廷聽到讚美，笑得很可愛。這也是個事實，雖然翰廷鬧鬧脾氣，但是心靈如此柔軟，願意接納與照顧孝宣。

美心接著問他，願不願意加入課程，這是最後一堂課了。

翰廷跳起來，蹦蹦跳跳進入教室。

到了傍晚，崇建老師與他的胞妹，從馬來西亞過來會合了。孩子們一起用晚餐，三三看到媽媽，激動得抱了上去。翰廷靠近他所熟悉的崇建老師，分享這幾天的一切。孝宣一人坐在角落，安靜的吃晚餐，但臉上沒有陰沉。欣蓉上前摟摟他的肩膀，在耳邊小聲的問，「你們和好了嗎？」

孝宣將手中披薩塞進嘴裡，露出笑意的點點頭。

「哇！真的啊！怎麼和好的？」

「我們一起玩車子。我把車子放上軌道，他也一起玩。」

此刻，欣蓉感到放鬆了，夜風悄悄溜進來，將焦慮帶得老遠。她看著孩子們開心的互動，似乎只需要關心，而不需要過多擔心。

翰廷是豐富的孩子，有倔強、調皮、躁動的一面，也有安靜、俠義、溫柔與體貼的一面。他像宅邸的游泳池，有自己的漣漪波動，卻能容納其他孩子們呢！**【觀察與思索5】**

觀察與思索

1

美心身為帶領教師，責任心非常強，處理的方式亦令人欣賞。

看見兩個孩子即將衝突，她無法顧及自己身體，立刻到現場關切。

美心的身分是教師，雖然她身體不舒服，仍舊強打精神面對，來自於她的責任感。她帶領的孩子，都是老闆的孩子，內在壓力會大過於煩躁、生氣、沮喪與無奈。若是一般父母親，內在升起這些情緒，還來不及覺察與回應，可能會有下列幾種情況：

立刻對孩子教訓。

勸翰廷要讓三三。

要三三道歉。

自己想辦法，去泳池撿起事物。

上述應對的狀況，都會有不同結果，也會為孩子帶來慣性，成為孩子人格發展的累積。

因此在談「應對姿態」之前，我常邀請教育者覺察自己，照顧自己內在，才能自由做出應對，而不是慣性應對，或者受情緒控制的應對。

面對孩子的衝突，我邀請大人別當判官，因為判官吃力不討好，也不易讓孩子心悅誠服。兩造衝突的成因看似簡單，但是情緒餘波卻很複雜。無論是誰對誰錯，一翻兩瞪眼的判定，會讓被判決錯誤的一方，感覺到自己不被支持，往往會失去了教育的意義，因此如何不當判官，卻要清楚表達界線，成了教育者的藝術。

面對這樣的狀況，有幾種應對方向：

其一是不必介入孩子的戰爭，待孩子處理有衝突，再行介入處理。

其二是美心的處理方式。

美心應對孩子的事件，先採取阻止衝突發生，其次以好奇問句探索，雖然孩子沒有回答，但是美心明白狀況之後，並不是阻止翰廷憤怒吼叫，而是直接將「訊息」給予三三，堅定且溫柔的陳述，要求三三為自己負責；即使三三說「撿不到」，美心也很有耐心陪她討論，並沒有為了解決問題，去幫三三撿回玩具。若美心只是解決問題，可能會讓三三失去學習，不懂如何為自己負責，翰廷也可能會憤怒以對，問題往往不會更好的結果。

當美心與三三討論，翰廷在一旁旁觀，已知道老師在處理，情緒也漸漸平靜下來。三三在被等待、停頓思索之後，想到一個解決的方式，並且以自己的方法解決問題，讓孩子學會面對問題，同時也學會自己負責。

若是我將美心的應對，做一個程序流程，我理想的程序如下：

覺察內在↓照顧內在↓以好奇探索↓給予規則或者訊息↓讓孩子為自己負責。

2

從這裡可以看出來孩子的豐富性：

翰廷會遵守規則，聽老師的話才行動，他需要明確的規則。

翰廷願意負責任，他意識到橡皮擦落水，與剛剛落水的樂高相似，因此在日常生活中，可藉由故事、討論、對話讓他發展同理心。

薩提爾的

守護之心

翰廷是個溫暖的孩子，即使說出氣話，要孝宣離開他家，但是面對美心詢問，他仍願意照顧孝宣。

翰廷與孝宣的衝突，起自於翰廷想要連結，但是孝宣投注於功課，並未回應連結，翰廷便拿走橡皮擦，這件事可以看出他很想連結，尤其是他認可的朋友。當他被親近的人拒絕，內心可能容易受傷，因此他是敏感的孩子。平日講些親密關係的繪本，或遭拒而導致失落的故事，有助於他認識親密與失落，但也必須提醒的是：繪本與故事並非為了教育孩子，而是包含了文學、美學、想像……更多元的意義。

若能幫助翰廷覺察，他擁有美好的心靈，想要與同儕連結，無論別人接受或拒絕，那是一份美好的心意，但他的行動不太恰當，易遭致眾人誤解。他過去可能有被誤解的經驗，因此「誤解」一詞應會打動他，讓他有更深的覺察。

孝宣是負責任的孩子，且能獨自專注工作，願意在人群外獨自做功課，將任務完成的責任感。

孝宣遇到他人打擾，拒絕他人時，可以覺察是不是有更好的方式。

孝宣面對衝突時，衝出去討回公道，捍衛自己的權利，這些都是發展自己力量，為自己說話的重要過程。當橡皮擦掉入池中，孝宣是否能有更好的處理方式？比如告訴老師狀況、好好跟對方說明、自己想辦法撿回來、更堅定的告訴翰廷、發展對話問翰廷是想玩耍嗎？這些應對能力的養成，師長可透過對話與文本討論，讓孝宣有所學習。

3

翰廷與孝宣的事件，是上一個衝突的延續，主題仍是一方如何連結，一方如何拒絕。想要連結與拒絕沒有對與錯，亦即本心都不是問題，而是在「應對」的方法出問題。

兩個男孩出現這樣狀況，我通常不會立刻介入，改以觀察孩子的互動。孩子的內在與應對，我能否看見細緻的風景？**立即介入常會「見樹不見林」，我想看見更豐富的層次，真正的關心是他們的成長。**

我很接納孩子之間的衝突，那是孩子力量的來源，更是男孩生命常有的經歷，這與我的成長經歷有關，因為我也曾是個「男孩」。

我遇到強勢外在壓力，也會像孝宣一樣無助，彷彿是「受害者」。尤其在團體關係中，小學、國中、高中如是，尤其是高壓力的軍中生活，我都有類似經歷。我在這樣的狀態中存活，學會該如何保護自己，學會以更好方式拒絕，學會如何觀察與反省。當時沒有大人陪伴與討論，我只有透過閱讀、觀察與寫日記學習。

我也曾經與翰廷有一樣的情況。我在家中是「老大」，面對弟妹的拒絕，我會以「欺凌」的方式、「威脅」的方式、「玉石俱焚」的方式處理，或「離開」、「遺棄」的方式應對。因為我的內在受傷，這可能是來自媽媽的影響。

媽媽早年離家的經驗，使我內在感到受傷，並未被正視、被處理。我檢索手足之間記憶，我對弟妹的暴力相向，欺凌與威嚇的記憶，都在十歲以後發生，這正是媽媽離家之際。但是翰廷來自和諧家庭，他內在也會受傷嗎？事實上每個人的成長史，多多少少有傷害，比如不稱職的保母帶大的孩子、父母親一次疏離應對、老師一次失控責罵，都有可能留下受傷心靈，往往無可避免，但這些傷害也讓人發展出豐富資源。

我能更接受失落情感，不以威脅的方式，控制手足關係，是學習薩提爾模式數年後，才能覺察、意識，並改變自己。若當年父母或教師有意識，能夠給予我足夠的對話引導，我也許能更快速走過受傷，整合我內在的豐富資源，與人的應對上就會更容易和諧。

4

從兩位老師的處理過程，可見她們內在的焦慮，不斷安撫與照顧兩個孩子，無暇覺察與安頓自己內在，那是最折磨人的情況。

當她們未照顧自己內在，應對孩子現場的衝突時，便出現許多耐著性子安撫的狀況，在應對姿態上接近「討好」。一般的父母親未照顧內在，常出現的應對是「指責」，但是兩位老師為了「不負所託」，盡其所能想照顧孩子，可能壓抑內在「煩躁」、「委屈」、「憤怒」與「無奈」的情緒。

兩位老師是短暫的任務，幾天之後就結束了，期間是壓抑內在情緒，對孩子和顏悅色，耐心勸導。若是長期帶領孩子的家長或教師，易出現突如其來的怒氣，或者根本不想再帶孩子了。

新加坡的任務結束後，美心委屈的告訴我：「我再也不來帶孩子了。」

可見美心的難處，應該是她耐著性子，去照顧孩子，內在應有生氣、委屈、無奈與無助。她們為了帶「老闆」的孩子們，只得盡責的完成，即使我容許她們處理不好。

老師們偶爾帶隊出遊，面對孩子的問題，都感到力不從心了。養兒育女的父母，更是朝夕都需要面對此事，面對日常的紛擾狀態，常讓父母親心力交瘁。

我常期待教育者，要時時覺察內在，並且時時照顧內在，才有餘力應對孩子。如何看待孩子的狀態，實則跟內在的狀態息息相關，也跟我們成長的背景相關，但是內在的覺察不易，回應內在的過程更不易。我在本書先提這個概念，讓讀者熟悉，未來會另行細細呈現與說明。

此處我提出應對孩子的想法，有別於教師的應對。

孩子打鬧、吵架實屬常見，大人只要接納這狀態，不一定要立刻解決。

然而身處現場衝突的老師，心裡應有很多不安。試想常人多半在傳統環境長大，成長過程何時被接納犯錯。老師可能也不允許自己犯錯，即使我邀請她們大膽犯錯，她們應該也有很多擔心與不安，哪敢怠慢，只想盡責完成任務，彷彿在照顧公主與王子。

我邀請她們犯錯，請她們看著現場。若是沒有危險之虞，就接納孩子發生的狀況。

接納現場的狀態，就是「停頓」的過程，我將之歸類為「**創造性等待**」，亦即等到適當時機介入，能先讓孩子們自己處理，經驗一個挫折或成功，旁觀的大人能更宏觀看見孩子如何應對。

若是我模擬自己是帶領者，應會在幾個點介入。

當翰廷將橡皮擦丟入泳池，還有後續借相機事件，**此處若能即時表達界線，溫柔、堅定的告訴翰廷：**

「拿橡皮擦有經過孝宣同意嗎？」

「沒有經過他的同意，你不能拿他的東西。」

「老師知道他沒有理你，你會很生氣，你可以生氣，但是不能亂丟東西。」

「即使你丟了東西，也願意負責任拿回來，我很欣賞你。」

「你可以生氣，但是生氣時，丟了他的橡皮擦，這樣是不恰當的。」

「你這麼重視孝宣這個朋友，所以想要跟他玩，你有觀察他在做什麼嗎？」

表達界線之外，我亦建議以好奇帶來討論，讓孩子更多彼此理解，也透過好奇，讓孩子與情緒連結，有助於孩子被理解。

面對這樣的狀況，我設想自己可能的問句：

「他不借你看相機，你會生氣，對嗎？你生氣的是他小器？還是你對他那麼好，而沒獲得相同對待？」

「你以前有被拿過東西嗎？那是在沒經過你的允許的狀況下嗎？」

「當孝宣在寫作業，沒有跟你玩，你會覺得他不夠朋友嗎？」

「剛剛你將孝宣的橡皮擦丟進水裡，你有生氣嗎？能說說你的生氣嗎？」

「孝宣的橡皮擦被丟到水裡，他會生氣嗎？這件事發生在你身上，你會生氣嗎？若有生氣，你通常會怎麼處理？」

「你這麼善良，跟很多人分享，也會有被拒絕的時候。但你被拒絕後的反應，是否會被人誤解？你曾經這樣被誤解過嗎？」

「你能接受別人的拒絕嗎？那些被拒絕的經驗，你是如何回應呢？」

「你拒絕過別人嗎？發生什麼事才拒絕呢？有沒有拒絕過好友，或者是你愛的家人？有被誤解過嗎？」

即使大人先溫柔穩定的宣布界線，並且透過好奇與孩子連結，然而可能會遇到的狀況，是翰廷不一定聽從；或者大人好奇的問話，翰廷並不想回應。狀況不一定理想，但這就是教育的過程。教育不是固定的流程，而是類似藝術創造工程，充滿人的不確定性，每次都是一種創造與學習，這就是教育的珍貴之處。

當孩子出現憤怒、受傷與失落的狀態，他們都在學習如何回應，因此我常注意的不是「此刻的問題」，而是我如何應對孩子，讓孩子日後學會應對。**我這個想法的內在有個呼應：「不是孩子有問題，而是孩子發生了什麼？」我進一步的思維是：「當孩子這樣的狀態，我是否可以接納孩子？也接納我自己。我此刻可以做些什麼，為孩子的未來帶來改變」。**

理想教育是長遠的，並非在狀況當下投以特效藥，而是長久的應對中發生，教導孩子原則與規矩。孩子透過教育來理解世界，也透過大人的應對，學會如何應對世界。

社會上的一般情況，當大人教導孩子界線，所使用的態度是責罵，或者是過於隱晦討好。即便教育的目標正確，但是表達的方式過時、有欠考量，因此易為孩子帶來負面影響，這些都是心理學、教育領域與腦神經科學已大量探討的。

因此，大人以安穩和諧的態度，表達界線的訊息，確認界線的訊息，並且教導秩序之後，再以好奇與核對的問句，去關懷孩子的內在。孩子在受到拒絕後的失落，亦能被大人看見與照顧。

相機的事件亦然。若是橡皮擦事件處理得宜，後續相同的事件也許會減少。翰廷其實很溫暖且熱情，很想和孝宣連結，但是連結的方式不妥當。大人要溫柔而堅定的表達，有耐性面對孩子，並且好奇孩子，這是我理想的教育面貌。

當翰廷提出：「為什麼我的玩具都借給他玩？他卻不給我看他的東西？」可見翰廷的內在受傷了，並且有一個困惑：關於好友，不是應該彼此分享嗎？但翰廷未被教導的是「分享玩具的方式」，從橡皮擦到相機，都是他「分享的方式」有狀況；還有他關於「被拒絕的感受」與「被拒絕的思考」，可能很少人與他討論，都隱藏在冰山表面之下，這些需要大人長期引導。

美心與欣蓉的應對，亦有在界線上表明，這是很重要的部分。但是界線有好幾處，有些重要的界線被忽略了，比如翰廷家是教室，教師需要維護教室界線，教師要告訴孩子哪些行為不當，而非安撫情緒而已！但這實在是太困難的任務，一般狀況下都很難做到，何況她們是帶「老闆」的孩子們。這些教育的著眼點，牽涉到的範疇廣泛，每個人都有不同的想法，也有不同的做法。

美心與欣蓉對孩子的寬容，其實非常困難做到，尤其在身心可能疲憊狀態，還需要耐著性子安慰孩子，與孩子對話溝通。多虧她們掌握了對話的原則：一是好奇，二是為情緒點出名字，三是大部分不以解決問題為目標。

當美心打電話給我，告知下午發生的事件，還有孩子的狀態，我只是聆聽而已，最後表達我的感謝，以及接納任何狀態。畢竟，誰在孩提時沒有吵過架呢？哪位父母或教師沒有處理過孩子吵架？所以面對孩子的衝突，對大人來說是再自然不過的學習了。

我很關愛姪兒孝宣。他遇到的同儕衝突，是在我舉辦的營隊，這是最好的餽贈，因為他從中能有所學習，而且他遇到老師耐心陪伴，這些都是生命中的寶貴經歷。

我也很疼愛翰廷，我與他認識多年了，他是天真、細膩與敏感的孩子。我很能接納這些狀況，那是他長大成人的學習。發生小小的衝突與應對，美心能這麼細膩關懷，我相信對翰廷而言，也是美好經驗，雖然美心的內在痛苦，但是翰廷應能感受，有大人願意耐心與寬容地對待他。

5

美心與欣蓉的應對，在訊息、界線的表達上，做得非常的準確。因為這個活動由大人決定，是由我一廂情願的策劃，行前並未跟孩子充分討論，課堂也無法有固定規則，因此我邀請老師們自由決定，不需要勉強孩子上課。即使是自由的課堂，兩位老師都表達明確訊息，尤其在行動上接納與寬容孩子，這其實是非常困難的挑戰。

當我檢視欣蓉回憶的第一天狀況，對比美心第一天的來電，我看見在文字中未見的教師內在，尤其美心在第一天已崩潰，竟然還能連撐了六天。她以身為教師的責任感，強壓內在的情緒、感受，實在辛苦。

我的兩位教師帶隊，雖然不盡然完美，但對師生而言都是美好的過程，這就是學習的真諦。

我將這篇文章梳理，並且重新給欣蓉、美心看過。

美心回了我一封信，信中有一段是：「我不同意你在聽到我說『你的孩子也不好帶……』時，如你所說的那樣平靜。當我這麼說時，我清楚記得你的回應是『那就是妳的能力不足，妳可以告訴我妳能力不足。』……」。

美心的陳述與我的記憶不同，我記得自己很平靜應對，當時我對她說的語言是「妳若是做不好，我希望妳接納自己做不好。我可以接納這樣的狀況，不必一定要強求用什麼方式帶……」。

我後來徵詢她的意見，可否將兩人的記憶都呈現。因為客觀事實中，無法判斷哪幾句話有落差，或者我的狀態如何了。

兩人的記憶都放在書中可以帶來什麼呢？若是美心說的準確，那麼將說明「覺察是多麼不易的事」。即使是我，也不一定能覺察。

另外可以表現的是，即使我有覺察了，在那瞬間的表達準確，也不是一件簡單的事。

當我邀請美心將她的意見放入，她又來了一信。

「老師早安，我寫這些，並不是要平反什麼。進入千樹成林作文班已有十多年，你對老師的包容和接納毋庸置疑，因為這樣，我才能夠讓如實表達我的心情和想法。人在新加坡時，我心裡只有一個念頭就是不能搞砸，在學生面前、你朋友面前、欣蓉面前。不想讓你失望，不想辜負你的期待。如今看來，能明白的你的接納，在當時聽來都是壓力，有了完全相反的解讀，這都是真實的感受。

我不以為需要再補充這一段到書裡，看起來更『鬧情緒』了。但某一方面看來，也真實的呈現在情緒之中，往往感受不到對方的訊息，即使學過『核對』，在情緒中也不願去做。

我一直在學習對自己負責，接納自己的挫折，欣賞自己的努力，而不是透過你接納我才接納，你欣賞我才欣賞。雖然練習得還是差強人意，我明白是幼年對權威的依賴留下來的慣性。但我努力在覺察了。也謝謝你的自由，使我不管多挫折，都能在事件之後，坦然且自在的與你對話。」

美心的這一封信，讓我很感動的是，人與人之間都想彼此連結。

我最後徵得她的同意，將她的意見放入書中，我認為那對讀者而言，是很重要的一個「看見」。我期望透過「看見」這過程，「看見」的不是評論者、書寫者的厲害，而是「看見」自己的豐富，接納一個豐富的自己。

無論是老闆與員工之間、伴侶之間、親子之間、同事之間、朋友之間、師生之間，凡是歷經了一些考驗，我們能否更靠近？然而彼此能靠近的祕訣何在，我以為在於**人對自己負責，能守護自己的一顆心，自己看見自己、接納自己，那就是對自己的愛了。**

當我失敗的時候，愛自己

當我失敗的時候，愛自己

帶領工作坊時，我常常問夥伴們：「什麼是愛自己呢？」

「愛」是守護孩子最重要的元素，父母、老師若能給孩子愛，又能允許孩子失落、挫折、失敗，孩子就能成為有力量、豐富的人。

既然「愛」能滋養孩子、守護孩子，陪伴孩子的父母、老師，當然更要守護自己。當大人能守護自己的心，就更有能力守護孩子的心，這就是教養中代代相傳的「心法」。

當大人懂得好奇、懂得表達自己，懂得更深的冰山對話，就有了外在應對的方法，我將之戲稱為語言「招式」。

然此招式非彼招式，人與人的關係中，需要彼此一來一往「應對」，都需要與他人溝通。那麼溝通的基礎，在於自己與自己先連結。「招式」換句大白話來說：「就是瞭解自己。」

只有瞭解了自己，才能透過表達，讓他人與自己連結。

與人連結不是策略，而是一份真正的願意、相信、接納與愛，這就與每個人內在有關。若要將外在的對話熟練，更需要「內功心法」。

然而「瞭解自己」談何容易，起手式是覺察。

若要瞭解自己，並非單純以頭腦、思考的理解，而是需要對「自己」覺察，這意謂著覺察「自己」並非侷限於頭腦的認知。

覺察自己當下的感受，是否生氣了？是否悲傷了？是否煩躁了？內在是否有任何發生？那是「自己」當下的發生。看似容易，實屬不易。一般人經常處於無意識，這些都需要長期練習，才能覺察自己當下的發生。

其次是覺察自己的思考，並覺察自己的應對，是否與過去的成長背景有關？是否願意重新決定自己？讓自己內在自由，讓自己成為負責的人，而不是他人為我負責。

薩提爾的守護之心

愛自己就更不容易了。

愛自己不是滿足自己的期待，愛自己是真心接納自己，真正看見歷程中的自己，尤其是在遇到挫折的時候。

當一個人考試失利、工作遇到挫折、孩子不符合期待、關係失和了、教書未達理想，這時是否能覺察自己的受傷？那不是一份頭腦的鼓勵，不是頭腦的「正向」看待，而是真正看見自己，是否有個聲音在批評、指責自己？

我將這一份功夫稱之為「愛自己」。

而在此之前，愛自己需要誠實看見，真心接納自己的情緒，看見自己的生氣、害怕、挫折、難過、沮喪、失望……，進而真心接納自己，這是愛自己的開始。覺察與接納自己的情緒，與思索自己為何有情緒並不同，前者是接納並應對情緒，後者是進入情緒的事件。

只有愛自己了，自己的一顆心才被看見，被自己好好的守護。

在本書的前兩篇，〈**陪孩子走一段路**〉、〈**修練最難是日常**〉，闡述了無論是教師陪伴有困難的孩子，或者父母應對日常的狀況，都要時時覺察自己的心，那就是看見自己的開始，也是守護自己、守護孩子的第一步。

每個人的身心，都曾經受到過去的應對，以情緒的方式記憶過去，以身體的方式做出反應，因此成為潛意識的方程式，在身為大人之後又加諸於孩子身上。要打破這些慣性循環，讓心靈掙脫身體的控制，首先就是要覺察身心，重新做出新的應對，那是對生命的守護。

本書的最後一篇〈**薩提爾媽媽**〉，主角燕湘接近傳統婦女，擁有傳統婦女的美德、韌性與包容，即使遇到困難、有情緒出現，她都讓自己流淚，再重拾起力量往前，不被情緒主宰她的行動，也不困在情緒的漩渦裡。燕湘的兒子確診有自閉症之後，她懷抱著「接納孩子有自閉症，只要她有心，一定能帶孩子好好成長」的信念，努力往前邁進，減少被痛苦的身心控制，也使得不當應對較少施加於孩子身上，將自閉症孩子帶得精采無比。

但是她所有的意識、覺察與愛，都給了自閉症的孩子，卻將自己的苦痛以未覺察方式，發展在女兒的身上。女兒因此太早成為大人，忽略了自己的需求。所幸媽媽學習薩提爾模式，開始意識到受忽略的女兒，重新覺知，改變自己，以對話與愛包容女兒。她從改變自己內在狀態開始，進而改變孩子的內在狀態。

在寫此書的同時，我收到一封信，是來自大陸的蘭鳳嬌老師。此信是她的覺察與自省文章，允為覺察、接納與愛自己的展現。獲得蘭老師的首肯，我披露在這篇導言後頭，作為銜接前面〈陪孩子走一段路〉個案，以及過渡到最後一篇特殊孩子〈薩提爾媽媽〉的應對，進一步說明「守護」的意涵。

蘭老師與先生任教於體制外，多年前從朋友處獲得我的演講錄音，反覆聆聽多次之後啟悟，與我取得聯繫、通信。後來他們邀請我去黃山，主辦工作坊，帶領教師與家長，更接受我的推薦，邀請天安學習薩提爾模式。他們的成長，令我很感動。

蘭老師的文章如下：

屢戰屢敗，崩潰大哭

人生的漫長旅程，有不少時間耗在車上，緊抓方向盤，踩著油門，顫巍巍的奔馳。望著車窗外各式交馳的車輛，你聯想到什麼呢？交通壅塞與否？駕駛的人均收入如何？或細數豪車比例？

唯獨我想到的是：那麼多司機都通過了駕照考試。

這聯想令人莞爾。這麼說沒有錯，不論誰，遑論學歷、年齡、智力，都得通過了駕照考試才能上路，才能掌握方向盤，往人生方向。唯獨我，已栽在場地考試四次了，都還沒通過。

話說二〇一八年第一次考試前，駕訓班教練給大家介紹一位老學員大姐。大姐的「考試心理素質太差」，考四次都沒過，如今只剩一次機會了，過不了，要再繳學費重學。

當時，看著老大姐的侷促模樣，我用「慈善」的眼光逡巡，寒暄了幾句安慰、鼓勵的話。回家，我把這件事當逸趣，和老公分享：「教練說教學這麼多年，很難得有人需要考這麼多次。」

面對考照，許是我自視甚高了，仗著自己是武漢大學本科的高學歷，年近三十歲仍反應良好，尤以教練常誇我「人聰明、悟性好」。我有自信，且自豪，第一次考試就過。

然而，萬萬沒想到，我不僅第一次沒過，幾番考試皆輸。我步入了那位大姐的後塵！

第一次考試，敗在倒車入庫。我解嘲有點緊張。

第二次考試，又敗在倒車入庫。我歸罪車不好、教練不夠好；最重要的，責怪自

薩提爾的守護之心

我不夠好，太慌亂。

第三次考試，再敗於倒車入庫，外加S型。我無法接受了。離開考場後，我坐在電動機車上，給老公打電話，把頭埋在手臂裡，有點別給人看到我的惆悵。我要把原委、苦衷都說盡，但怎麼才幾句話，不知怎的，我崩潰大哭，不停重複「為什麼會這樣？為什麼會這樣？」。

六月的烈日曬著我的手臂生疼，彷彿也在取笑和嫌棄我。我已經很多年沒這樣哭了，就為了一次考試！

面對自己的崩潰，我也很意外。

當時我對自己在考場的表現，感到非常的無助和難受，對自己有很多的指責：「我的心理素質怎麼這麼差？那些緊張和失誤，不是我可以控制的啊！怎麼辦？」我也淪為固定型思維者的通病：「為了維護自己的自尊，和減緩難以承受的痛苦，下意識的想把責任推給外界：考試車輛有問題、運氣問題、教練教的根本不夠好等等。」

那麼多人都可以通過場地考試，唯獨我會如此，虧我還學習了那麼多的心理學，「要全然接納我」的鐵律，用上時都不能學以致用，我學到哪裡去了？我自責是一個徹頭徹尾的失敗者，有嚴重問題。我這麼丟臉，別人肯定會評價和看不起我。我想起駕訓班初始，那個連考四次皆沒的學員大姊，我怎堪成為她？如今就是了。

你或許會想，至於嗎？就一個考試，又不是什麼大事！

可是，這是我當時的真實感受。

接下來的一年，我藉著各種理由不再去練車，不願意再訓練和場地考試，也不敢告訴他人此事，心裡十分排斥再面對挑戰；偶爾在路上看到教練車，就想逃跑，胃裡一陣緊張。

這樣戲劇性的事件，也反映出了我一直以來的模式：**我逃避生活中的挑戰和失敗，我又恨自己不夠勇敢、上進。我的內在不斷的評判自己。我把不夠好的一部分自我藏起來。我害怕別人的評價。**

屢敗屢戰，我已不同

老天眷顧，多虧老公的推薦，我有幸學習崇建老師的對話，後來籌辦崇建老師和張天安老師的課程，感覺自己有了很多的接納和成長。並且幸運的，從維吉尼亞·薩提爾《新家庭如何塑造人》書中得到哲理：**人是可以改變的**。

半個月前，我感覺自己願意面對挑戰和考試了。

我重新開始訓練。過程中開始體悟到：相較於性格問題，技術才是成敗的關鍵。之前我有好幾個技術關鍵，都沒有和教練核對，導致理解錯誤，而考試也正是敗在那幾個點。

這次，我很認真而且勇敢。在驕陽下，願意被教練「訓」，與他核對每個環節。我很專注練習，把「車身過半就右轉方向盤兩圈」、「車靠右線，然後方向盤往左轉一圈半」等場考公式熟背，並與環境變化配合。這次我胸有成竹，覺得駕馭了命運的方向盤。

一個禮拜後，我參加了第四次考試，人算不如天算，我判斷錯誤。在坡道停車項目，理應在A車道應試，我竟然駛入了B道，我又失敗了！

是的，又失敗了！

但是這次的我，不一樣了。

那天，當我走出考場的時候，天空安靜均勻的下著小雨。我的心裡有一些遺憾，但沒有自責，也沒有對下一次考試挑戰的排斥，反而期待即將到來的練習和挑戰。

心靈稍作休息與調整，我打電話給教練，安排後續的練習和考試。甚至為了照顧教練的心情，給他肯定和安慰。相較過往，這次教練的言語變化了，對我有更多接納和包容。

他友善說：「我之前對你說的不錯吧！妳什麼都好，就是心理素質差。」

我沒有如往常那樣，去牴觸他的說法，只是回覆：「是的，我之前高考（大學入學考試）壓力太大了，考完之後的很多年都重複做高考噩夢，所以一考試就緊張。這次經歷正好讓我練習，如何提高心理素質。」

與教練溝通好後，我給老公打電話，稍微述說了考試的感受和收穫。

他問我：「你現在感覺怎麼樣？」

我說：「有點複雜。可能還是感覺這事有點丟人，但還好，我接納這樣的自己。」

老公說：「這是一次難得的經歷！」

我說：「是啊！這樣的經歷，可以轉化成很好的資源。經歷這樣的失敗後，身為教師的我，往後對孩子們的失敗更能理解了。對挑戰前後的緊張和恐懼，也有更多體悟，甚至更瞭解當下的恐懼與過往創傷的聯繫。」

薩提爾的
守護之心

那天下午，我窩坐在房間的沙發裡，看著落地窗外的景致。樹葉靜默的接受細雨滋潤，樹梢隨風輕晃，道路和草坪空無一人。我心境安寧，深覺有異於往日的感受到來，闃靜安然，身體浸潤在平穩氣息的靜謐中，也或許也沒有，如窗外細雨無聲的披潤萬物。

我的成長喜悅

我想找朋友訴說，也想發訊息告訴崇建老師。

我想說出我的進步，相較於一年前第三次的失敗，在第四次失敗時，我的內在有很多轉變和進步。

我從害怕失敗和挑戰的人，變得願意接納失敗和挑戰。

我從一遇到失敗就自我否定，變得在失敗面前仍能保有高價值感。

我能看到失敗給自己帶來的成長，而不僅僅追求一個結果。

我找到了一個非「自責」、「恐懼」的動力，不是生存所迫，而是為了美好，為了自己的成長而主動選擇去努力。

我體驗到了「接納自己而不依賴自己的成就」，同時感受到這份接納不會削弱我向上的願心，反而讓我更願意、更容易去努力。

我想告訴崇建老師，我從過去多年來的困局中走出來了！

我感覺很不容易，也感覺到了喜悅和自由。

我只是想找人分享，如此而已。

過往創傷再現

突然，轉念一想，我問自己「給崇建老師發訊息，想得到什麼？」。

我思忖，我最期待老師的讚許，想從老師那得到認可和力量。這麼想時，我隨即意識到，我對自己的認可還不夠，我仍是受傷的。傷口的血猶未乾，過往的類似傷痛也被勾起了。

我想要陪伴自己，既然傷痛浮現了，何不趁機來一次療癒。

我打開手機，反覆播放蔡依林的同名電影主題曲〈幸福路上〉，這是張天安老師推薦的「很薩提爾」的歌。動畫電影描述一位小女孩的成長喜悅與傷痛，藉以回顧台灣一九七〇到二〇一〇年的歷史記憶。我沒看過電影，但歌詞意境彷彿有魔力般，具穿透力。

張天安老師在工坊說過，「很多時候我們體驗到的傷痛，並不是現在的，大部分來自過去。」

於是乎，蔡依林用柔美的聲音唱出第一句：「那個當初的我，現在好嗎？」我的淚水，瞬間滿溢，記憶接踵而來了……

當年第一次高考失敗，以為會因此失去父親的自己……

當年逼自己到極點去複習，背水一戰，參加第二次高考的自己……

很多年來，總是噩夢要重新高考的自己……

面對家人的意外受傷和死亡，不能接受意外和錯誤的自己……

當年大學畢業後到處流浪，不斷失業，又擔心家人因巨額債款而受傷，否定自己、恐懼到鑽到桌底的自己……

我彷彿看到當年的女孩，站在黑暗中，獨自承擔著所有的恐懼和無力。

她現在還好嗎？

我按照天安老師的方法，去陪著當年的女孩，瞭解她，愛她，感謝她。

我陪著過去的自己，也陪著現在的自己。

就這樣，我感覺過去的那個女孩，她不再那麼恐懼和無力。我也看到當年的那個女孩，有很多力量和資源。那女孩努力、勇敢、堅強的活下來，才有了現在的我。意外的是，我還看到當年家人和朋友，對我有很多的支持和陪伴，而這些彷彿是我之前視而不見的。

同時，我腦中也冒出一些不安：失敗的時候，可以這樣不批評自己嗎？可以這樣接納和欣賞自己嗎？能被允許嗎？這樣正確嗎？這是不是另一種自我安慰和矯情呢？

這時，我想起本書〈陪孩子走一段路〉的案例，依蓮歷經生命波動，最後詢問一路陪伴她的崇建老師：「你為什麼要愛這樣的我？」

這句話支持我，告訴我，可以愛這樣失敗的自己。

畢竟，我就是想愛自己！

當我如是想時，落地窗外的雨不知何時已經停了，風在最高處的樹葉間穿梭嬉戲，太陽仍被厚厚的雲遮住，但天地已經亮了。我情緒真摯，覺得有異於往日的感受到來，闃靜安然，於是我讓自己流連在這種感受，我就是想愛自己的感覺。

第五次考試，我已學會愛自己

下一次考試，我還會緊張嗎？

我想會的。但我相信緊張會愈來愈受我掌控，而不是控制我。

下一次考試，我能考過嗎？

我不知道。但我知道，我總有一次會考過的。

我知道，失敗不能像過去那樣傷到我了。

失敗和挑戰也不能那樣嚇到我了。

過去我把生命當作負擔，把挑戰當作痛苦的自我逼迫；而現在我有了選擇的自由。我願意為成長而挑戰，也願意承擔失敗的責任。

今天上午，我剛結束第五次考試，滿分通過了。

我感覺老天真的很愛我，讓我有機會經歷這過程。我體會到了失敗帶給我的成長。

我很感謝崇建老師、天安老師，他們教會我如何療癒過去的傷痛，如何愛自己。

也很感謝我的老公，他在我失敗時，始終接納和支持我，沒有說道理、沒有指責、沒有激勵，只是接納我，支持我。還有身邊一起學習的朋友，他們也給我這樣的接納和支持。

我也很謝謝自己，當我在失敗時能這樣愛自己。

我相信，不管過去、現在、未來，我都能好好照顧自己。

薩提爾媽媽

薩提爾媽媽

二〇一九年農曆新年，在馬來西亞柔佛州士乃鎮的華人大家庭，親人從幾百公里外回來相聚，穿上新衣的小孩四處嬉鬧。三十餘位親戚聊天，笑聲不斷。一位五十歲的阿姨靠過來，拿著點火的打火機，抓著三十幾歲的表弟，開玩笑說：「看我怎樣燒死妳爸爸。」

阿姨此舉是玩笑，想引起表弟的五歲女兒反應。小女孩不明就裡，害怕得縮起身子，擔心爸爸被燒焦。她眼神充滿懼怖，雙手揮動阻止，流露理想觀眾的表情，逗得大人添油加醋演戲，高喊燒死妳爸爸。

最後的結局是，小女孩太入戲，嚎啕大哭起來，邊哭邊喊不要。大人看著小女孩哭泣，要嘛笑了，要嘛叫她不哭。爸爸在安撫無效後，擔心女兒長久哭泣，引發嘔吐的習性，厲聲說：「給我靜靜，妳聽到嗎？」

可是小女孩停不下眼淚。

她是真情流露，並不是演戲應景，眼淚怎能說收就收？卻把過年氣氛弄僵了。這是常見的家族聚會戲碼，無非是炒熱氣氛，增添快樂回憶。小孩被惹哭是常態，一般認為這無傷大雅，大人逗弄小孩，誰沒有這樣的經驗？

燕湘是這家族的成員，三個孩子的媽媽，十幾年來的教養歷程，使她的人生有不凡成長。尤其是這幾年來，她學習薩提爾模式，新山一帶的朋友稱她「薩提爾媽媽」。未學習薩提爾模式之前，她也像一般的家長，以軟硬兼施的方式教導孩子。但是她學薩提爾之後改變了教育觀，改變了與孩子的應對，她更瞭解自己與他人，展開了接下來的對話。

當爸爸威嚇小女孩，燕湘介入父女之間，以身軀將兩人區隔開來，先緩和小女孩複雜的情緒，再以溫柔的聲音問：

「妮可，妳生氣嗎？」

「妮可，妳害怕嗎？」

「妮可，妳難過嗎？」

燕湘此處的介入，內在充滿平靜，心中接納自己，也接納孩子與大人。

接納自己什麼呢？接納自己若沒法安撫孩子，接納自己若沒有改變狀態也不自責；接納孩子與大人的什麼呢？接納孩子的情緒，也接納大人的行為。

燕湘一連幾個情緒探問，是接納孩子的情緒，亦是讓孩子為情緒命名，理解自己的情緒，有助於孩子情緒的和緩。

這位名叫妮可的小女孩，眼淚塞滿了鼻腔，情緒緊繃，不說話，只以點頭或搖頭回應。

燕湘以溫暖接納孩子，接納孩子的所有反應。小女孩感到被同理，情緒漸漸緩和了。

這一幕吸引親友注意。小女孩的媽媽靠過來，觀察燕湘與女孩對話。

「所以，妳是擔心爸爸，擔心爸爸被燒到，妳才害怕哭的，是嗎？」燕湘問。

「嗯！」小女孩抽抽搭搭。

「妳好勇敢呀，年紀還這麼小，卻想要保護爸爸。」

小女孩點頭。

「妳很愛爸爸，是嗎？」

小女孩猛點頭。

「我知道，我也看得出來，妳很愛爸爸。」燕湘看見小女孩點頭，才說：「妳想要我幫妳嗎？把妳想救爸爸的心意，告訴妳的爸爸嗎？」

小女孩點頭。

這場談話結束了。媽媽上前將小女孩抱入懷中，稱讚她很勇敢，還有愛父親的心意。媽媽對小女孩的哭泣，也有了更多理解，亦不捨孩子被捉弄而引發的恐懼。

媽媽的內在有不少觸動，更對燕湘應對的方式，感到驚訝與讚嘆。她得知燕湘學習薩提爾模式，隨後也加入學習的行列。

親友見燕湘的對話，竟能安撫小女孩情緒，覺得神奇極了，但不曉得她用什麼方法。親戚們加入教養議題，紛紛數落爸爸的不是，不該這樣兇女兒，並對小女孩解釋，剛剛阿姨在玩遊戲，大人是在演戲，演戲都是假的。

「你們不用和她講道理啦！說了，她也聽不懂。」爸爸看親戚的教導，臉轉過來對燕湘說。

「我沒有跟她說道理，我只是理解她的情緒。孩子要我告訴你，她很擔心你會被燒死，想保護你。但是，她太小了，無法對抗，只能用喊的。我問孩子，要告訴媽媽嗎？她說不要，只要我告訴你。」燕湘見到這位爸爸微笑，繼續說：「孩子是不是跟你比較好？」

「沒錯。」

「所以，她只要我告訴你，她要用力保護爸爸。」

頓時，爸爸感受了女兒的心意，表情和緩安靜下來，似乎是默默領受，若有所思的模樣。這幕稚女救父的戲碼，沒有好萊塢電影的張力，沒有任何新聞價值，要是燕湘沒有學過薩提爾模式，以接納且溫暖的對話介入，小女孩哭泣被斥責的插曲，只是過年團聚的一齣家常戲碼。

在尋常的過年氣氛中，如今有了迥異以往的對話，小女孩的哭泣有了新意義。父母重新思考這一幕，深化了原生家庭的情感，也呈現給整個家族瞭解，華人世界裡不輕易表達的愛，在今年過年以不同方式，由一位小女孩呈現了。

妳的兒子是狗

燕湘能夠與小女孩溫暖的連結，她卻謙稱自己曾脾氣暴躁，也不懂得如何對話。促使燕湘改變的起點，是她的大兒子以勤。

這得從二〇〇九年說起，當時以勤年方兩歲，燕湘得知當地有一間最好的幼兒園，是留美教育博士開設。她期待這間收費較高的學校，能教育比較好動的以勤，雖然他們家收入不高，但是夫妻都重視孩子教育。

校園坐落於碧綠草坪，建築物美輪美奐，走廊明亮光潔，蔓藤如垂瀑，從牆壁宣洩，彷彿建築物會呼吸。這學校有絕佳硬體，是理想的校園；說起教育理念呢？學校標榜不懲罰、不留級，不給孩子貼標籤，燕湘很中意這間學校。入學前經由校長面試，校長說以勤的好動是小問題，他有把握可以改善。

燕湘畢業於吉隆坡的設計學院，隨後到新加坡當美編，大女兒出生後才回鄉工作。她在家族事業的塑膠廠工作，一個小規模的工廠，她包辦庶務雜事，幫忙成品出貨與原料進貨，排解尼泊爾或印尼籍移工的紛爭，工作有一搭沒一搭的忙。每個月還得支援她最不在行的會計，常在發薪水時算錯錢。這是一個工作婦女的日常，無止境的人事與瑣事。

薩提爾的守護之心

燕湘有華人婦女的堅毅特質，即使工作瑣碎，仍到處助人。她生性如此，憑藉的是意志力，還有努力向前的信念，那是她成長的資源。李詩琪是燕湘在當地的好朋友，是「藝樹村人本幼兒學園」的創辦人兼園長，她說：「燕湘是一個助人者，是朋友間最安穩的夥伴，生性就有堅韌的能量。」

然而，燕湘的考驗在以勤，兒子第一天到幼兒園，就出狀況了……

以勤過了兩歲，仍不會在廁所大小便。他第一天到學校，大概處於陌生環境，緊張拉肚子。燕湘帶他進入廁所，清理他褲襠的穢物，順便瞭解環境，教導他如何使用馬桶，告誡他不能隨地大便。

以勤不喜歡凝視人，總是看著他方，不回答任何問題。燕湘給予教導，仍無法從以勤的眼神、表情得知他是否明白，但她只能盡力而為。燕湘離開學校前，想擁抱以勤，給他溫暖跟愛的感覺，孩子的心靈會穩定。她剛剛有這念頭，教師卻走過來，揮揮手要她回去吧！

「我想要再抱抱他，跟他再說說話，好好的說再見。」燕湘懇求。

「不行！妳這樣會寵壞他，讓他養成習慣。」

學校期待孩子獨立，訂下規矩，訓練孩子。以勤尚未準備好，身為母親的燕湘知道，獨立對以勤是殘酷的考驗，何況孩子年僅兩歲，但是她腦海有一個聲音，那是校長信誓旦旦地保證：「這是個小問題。」

燕湘有點兒悻悻然離校，期待這孩子受教後，很快學會進入常軌。第一天送孩子上學後的燕湘真是難熬，比任何父母都來得焦慮。在工廠繁忙的燕湘，無時無刻不在想以勤，他今天有乖乖嗎？會不會被欺負呢？學會上廁所了嗎？想著想著總覺得心慌，整天沒辦法專注工作。

以勤的放學時間快到了。燕湘的事務再繁瑣、再多，都必須先放下，急忙開車趕去幼兒園。她走進綠色建築的校園，卻沒看見以勤，著急詢問老師，以勤在哪兒呢？

「還在廁所！一整天都沒出來呀！」

燕湘沒聽懂，重複又問：「什麼？」

老師搖搖頭說：「你的兒子還耗在廁所。他一早進了廁所，就沒出來過。他待在裡面，待了一整天，叫都叫不出來。」

燕湘立刻明白了，今晨她被老師請走時，兒子仍待在廁所。以勤個性非常固著，媽媽若是在廁所消失，也應該會在廁所出現。這個才兩歲的孩子，展現了最堅強的固著，在兩平方米的廁所裡哭泣、張望或縮在地上等待，無論耗盡多少眼淚，等待多長的時間，他深信媽媽會再度降臨。

老師帶燕湘到廁所，對裡頭喊：「你媽媽來啦！」

燕湘也殷勤呼喚：「以勤，媽媽來了。」

以勤立即衝出來，緊緊抱住媽媽，嘴裡發出「咯嘍、咯嘍」的聲音，臉龐剛剛乾涸的淚痕，隨著擁抱媽媽又流動了。

燕湘很心疼孩子怎麼會這麼執著呢？然而心疼有什麼用，以勤還聽不懂話呢！但是她始終有信心，兒子能挺過難關，絕對沒有問題。她送以勤進入這所幼兒園，給他最好的教育方式，再加上院長是留美的教育博士，一定有辦法幫助孩子成長。燕湘不時給自己打氣。

有了第一天上學受挫的經驗，燕湘第二天嚴陣以待。

校門口是告別的地方，她遞上奶嘴與抱枕兩項法寶。以勤仍用奶瓶喝液態食物，至於黃色抱枕更特別，他愛用右手食指與中指縫，反覆磨蹭抱枕的標籤，得到慰藉。但是這兩個安撫利器，被校門口站崗的教師發現，極為嚴峻拒絕，認為這就是一種依賴，影響孩子學習獨立的機會。

燕湘心裡困惑又失落，但是上班迫在眉睫，她拿回奶嘴與抱枕，開車到工廠上班了。路途上幾度分心，上班也未能脫離擔憂情緒。她的主要工作是印刷，得先用放大鏡算網點——印刷品由網狀小點構成，以藍、紅、黃、黑四色油墨網點角度、濃度來決定——無誤後，以「絲印」機印在塑膠成品。平時早已熟練的工作，今天竟然幾度分心，她腦海浮起孩子的身影。她心心念念只等忙完工作，連忙駕車去接以勤，希望他不要再藏在廁所。

老師將以勤交給燕湘時，不客氣的說：「妳的兒子呀！是一條狗，不會上廁所，一直跑到外面去大便。」

燕湘一陣驚愕，還意會不出發生什麼事，腦海裡只是不斷迴繞那句話：「妳的孩子是狗。」她趕緊說明孩子情況，以勤才兩歲而已，還不會上廁所，需要有人慢慢教。

「他不會上廁所，也不能跑到大門上呀！」老師輕蔑的說。

燕湘知道爆發點了，因為以勤在大門上廁所。

根據燕湘的判斷，以勤向來好動，但行為十分固著，當媽媽在廁所消失，他就在廁所等媽媽回來。當他媽媽在大門消失，他在大門痴痴等待，等得久了就蹲下大便，直到媽媽下班出現。

薩提爾的守護之心

即使他不該在大門大便，老師也不該說孩子是狗，這令燕湘難過極了。

這是黯然傷心的一天，兒子被老師責罵，間接指責媽媽的不是，令燕湘有種無奈情緒，不斷的、持續的扎著心坎。她知道孩子有點兒不同，但是她沒辦法解釋，為什麼以勤會這樣，況且孩子不該被貼上標籤，尤其不該被「標榜不貼標籤」的學校貼標籤，孩子只是需要被教導。

將以勤送入這幼兒園，燕湘看重的是創辦人的背景，還有學校的美好教育理念。她認為這樣的幼兒園，能夠幫助孩子成長，多些刺激，會進步很快，但是結果並非如此。幼兒園給予的衝擊，比兒子給予的衝擊還大，還要來得艱鉅多了，令人感到難過。

從此，燕湘每日都痛苦。她必須面對的課題，是老師的投訴。

「妳兒子每天都在哭……」

「妳兒子不進教室，在校園一直繞……」

「妳兒子不進廁所，都在校園隨地大便……」

「妳兒子聽不懂人話……」

「妳的兒子每次上上下下樓梯，來回五六次，講不聽……」

「妳兒子有問題，但妳可以放心，我們可以治療……」校方嚴苛的列舉諸多不是，但自認教育體系沒問題。

既然校方能矯正，燕湘仍存希望，每日載他到學校，多付三分之一學費，也對教師溫良恭讓，一味的謙遜道歉。職業婦女的育兒史，永遠脫不了繁忙、焦慮與時間不夠，一般婦女多在移動的車上，得到片刻的喘息時間。但是燕湘無法放鬆休息，她下班開車到幼兒園的路上，揣想今天老師會怎樣抱怨孩子，她又應該如何做出解釋。

燕湘發現校方常刁難她，無法通融她的要求。幼兒園的托育時間，是每日三小時計算，早上七點到十點鐘，再接回家照顧。有一次她工作忙碌，將孩子提早送入幼兒園，卻被教師無情拒絕。

「妳不能提早送他來喔！上課時間還沒有到。」值勤的老師義正詞嚴。

「我有事必須去處理，可不可以通融一次？」

老師心裡動搖了，打電話向校內高層請示。這時候，燕湘目睹一幕，讓她百思不得其解：一位同班家長，牽著幼兒提早送進學校，姿態自然且大搖大擺，教師也沒有阻攔。燕湘正要開口詢問，院長親自出來處理了。

「妳只有付三小時學費，不能這麼早進來。」

「可是……」燕湘指著剛進去的兒童，說：「那孩子也提早進學校呀！」

「妳要守時呀！身為媽媽都不守時，怎麼教導孩子呢？」院長搖搖頭，指著以勤說：「在孩子前面，妳要做表率示範。」

「可是……」燕湘欲言又止。

院長打斷她的發言，冷冷的說：「妳應該知道吧！妳的兒子跟別人不一樣。他待在幼兒園的時候，進行托育的每一分鐘，對老師都是一種壓力。」

燕湘帶著以勤離開學校，打電話向公司請假，開車在路上耗到上課才再次入校。她內心有個想法，校方口口聲聲可以帶好以勤，卻又將以勤視為燙手山芋，彷彿多花心思就燙傷。她認為學校不夠坦承，身為家長，受了很大侮辱。而且校方言明在往後日子，規定她的孩子托育時間，不得提早到學校，亦不得超時留下來，但允許提早帶孩子離開。

壓垮信念的最一根稻草，迫使燕湘離開的關鍵，是某天她到校接以勤，看見教師在校門口訓練幼兒。那位幼兒狀況與以勤類似，學習能力並不好，由某位老師教導他，不斷的、反覆的脫衣與穿衣。

「穿衣。」教師見孩子穿妥當，又冷冷的命令「脫衣」。

「他怎麼了？」家長們好奇問。

「這不是懲罰，而是一種訓練，教他學會穿脫衣服。」教師剛解釋完，又對孩子下命令「脫衣」。

這位孩子最後哭了，稚嫩的臉龐充滿無辜，眼淚與鼻涕不停氾濫，不僅沒有獲得老師的同情，老師仍以軍事般的口令喊：穿衣、脫衣、穿衣、脫衣……，反覆達十幾回。

這孩子的哭聲響亮，讓人看清學校的招牌，原來學校是「斯巴達式教育」。現場沒有家長敢阻止，也沒有人點頭贊同。

燕湘的腦袋忽然有影像，爆開許多詭異畫面：以勤會在到校後脫褲子，回家後也頻頻換褲子。她過去完全無法理解，這機械化動作從哪來，問以勤也沒有答案，此刻以勤脫褲子、換褲子的影像，與面前哭著換衣服的孩子重疊了。

就是在那一瞬間，她幫孩子辦理退學，離開那所學校了。

來自宇宙邊陲的星兒

燕湘對一張照片印象深刻，那是她外婆與以勤的合照。外婆身穿淡紫色客家花布、灰棉褲，坐在一套藍色的沙發，將穿著紅豔衣褲的以勤抱在大腿上。當時的以勤兩歲，頭髮削得精短，臉上無絲毫表情，而外婆平淡閒適，兩人眉目有相似的輪廓。

以勤的皮膚黑黝黝，外曾祖母給了「黑金剛」綽號，這源自電影《金剛》的印象。電影最著名的鏡頭，是大猩猩爬上紐約帝國大廈，反擊現代飛機的火力攻擊。這驚悚的一幕，彷彿冥冥中暗示著，外曾祖母看到以勤的另一面：他喜歡不顧危險的往上爬。

以勤的幼兒發展，沒有俗諺的「七坐八爬九發牙」。他四肢發展快速，像體質優良的士兵，六個月能爬鐵絲網般，貼地迅速匍匐前進，十個月能衝鋒陷陣般跑步，週歲能爬竿挑戰高處。他不顧勸告的爬椅子與架子，全家上下都是他的戰場，燕湘忙著收拾殘局。最後他爬上高兩公尺的圍牆，對著整條巷子的電線杆顧盼，尋找新挑戰，難倒了照顧他的大人。

以勤的語言發展遲滯，發出類似「咯嘍、咯嘍、咯嘍」重複詞，不會說任何有意義的字彙。即便艱困的、不經意發出「爸爸」的聲音，卻是對著牆壁說。前輩的育兒經安慰了燕湘：男嬰在語言發展，通常比較慢，甚至到兩歲才講話。燕湘大惑不解的是，兒童語言縱然發展遲緩，多少也聽得懂大人指令，但是以勤不僅聽不懂，也避開與人眼神接觸，除了火雞之外。

有一次燕湘帶他回外婆家，經過後院養的家禽，以勤下意識吐出一串「咯嘍、咯嘍」聲音。雞鴨無動於衷，唯獨火雞回應「咯嘍、咯嘍」。以勤與火雞一拍即合，彼此較量喉嚨好幾個小時，他執著的跟火雞耗下去，大人怎樣勸阻都沒用。燕湘只得由他去。

以勤兩歲時，曾短暫托育數日，這是以勤的第一次，與幼兒園的同年齡小朋友互動。以勤無法跟著大家唱遊，若從旁人不知情者的觀看，他偶爾看似融入孩群般跑來跑去，其實是處在平行世界，跟自己玩。以勤最後的興趣是爬，爬上教室的鐵窗，像金剛爬上帝國大廈，嚇壞園裡的師生們。幼兒園長最後跟燕湘講，這孩子的狀況很特別，要找專家評估原因。

燕湘的胞姐有豐富的育兒經，也覺得以勤發展「怪怪的」，但是不敢斷下結論，建議燕湘帶去檢查。

燕湘從善如流去醫院，但到大堂就被人潮阻擋，簡直人滿為患。公家醫院治療免費，掛號費只要馬幣一塊錢[1]，大家不舒服就來逛醫院。燕湘的求診單位是兒童發展科，缺乏單一窗口檢查，光是體檢、智力測驗、感覺統合等項目，要到各單位與漫長隊伍排檢，估計得耗上好幾天。

燕湘帶著好動的以勤，要排隊太難，他不如意就當眾哭叫，在地上學驢打滾，沒有一種病痛這麼嚇人。最後燕湘只得咬牙自費，找私人診所的語言治療師檢查，希望能盡早瞭解兒子的狀況。

語言治療師拿出「克氏行為量表」，表列十四項行為，勾選哪些符合幼兒的狀況。表單簡直為以勤而設計，光是前幾項選項，燕湘毫不猶豫的勾選。

「不易與別人混在一起玩。」

「聽而不聞，好像是聾子。」

「強烈反抗學習，譬如拒絕模仿、說話或做動作。」

「不顧危險。」

「不能接受日常習慣之變化。」

表列的以勤幾乎都有，還經常發生。

燕湘一邊填寫，一邊回想以勤的狀況。他看到圓形東西就轉，家裡面大小的圓形，像是電風扇、瓶蓋、杯墊、糖果盒，只要是圓形物品，彷彿有股魔力誘惑他，或者他會讓這些東西轉起來。

以勤還有特殊的癖癖，他喜好汽車模型，每天怎麼玩都不膩。常常手上揣一個，口袋裡永遠鼓著一個，連床都是藍色敞篷車體。若是強迫他接受車子以外的事物，就會大哭大鬧一番。

以勤常將一百多輛汽車玩具取出，按照顏色與車款順序排成列，次序邏輯只有他知曉。凡有人抽走其中一輛，或弄混幾輛的順序，他很快就能察覺，並且趕緊復原成它的次第。

親戚送他湯瑪士軌道火車。以勤對火車站著、趴著、追著玩，像火車先驅史蒂文生對火車執著般，耗了四小時都不停止。最後火車先投降了，停在藍色塑膠軌道動不了。火車終於沒電了，而以勤仍然電力勃勃。等大人裝上電池後，又上演相同戲碼。

填完克氏量表，答案令人驚訝。以勤有自閉症傾向，還有過動症的狀況。

語言治療師解釋，以勤是人際互動困難，導致語言社交互動障礙。以勤不會凝視人，缺少眼神交流，也不愛與人分享。執著次序的排列車子，愛轉動的圓形物品，無法調節情緒的哭鬧，甚至會去撞頭的現象，都是自閉症的表現。

耽溺在狹隘嗜好，看似專注力的表現，其實是活在自我的世界，對外在變化毫不在意，這也是自閉症傾向。

以勤到處爬上爬下，無法安靜下來的躁動，這是過動症的狀況。

語言治療師又說，他觀察以勤玩遊戲，智商比同年齡孩子高，如透過早療與進入特殊學校，情況應會大幅改善。

這麼多的資訊進入，她的困惑有了解答，然而聽完治療師解釋，燕湘卻不禁憂慮起來。她從前聽過自閉症，但只是模模糊糊的概念，現在卻已經和她生命緊緊纏繞，而且已經奮鬥了兩年，病因現在才找到，她沒有鬆口氣的感覺，而是遍體鱗傷之後，準備提口氣再奮戰。而且**她有一個信念：雖然以勤被判斷為自閉症、過動症等狀況，但她相信只要她有心，一定能帶以勤好好成長。**

一般的父母得知病因，會陷入一段自責、無力的時間。有時候可憐孩子，亦憤怒世界不公平，內在就像個壓力鍋，動輒各種情緒紛亂，而不是將心力放在面對問題。若是經常在自責中，一旦孩子出現狀況，父母會很容易動怒，會很容易沮喪與無奈。

燕湘得知病因，她的內在雖然有自責，但是並未被自責困住，也並未將力氣在自責中「耗盡」，而是積極面對問題，這歸因於燕湘的個性，還有她成長的歷程。

愛與心的連結

燕湘的外婆是家族中最長者，亦是對這位曾孫最疼愛者，不論以勤是什麼樣子。

外婆有幾次生病住院，因罹患低血壓毛病，需要靠藥物控制。探病的燕湘知道什麼是外婆的良藥，她秀出手機中的「黑金剛」，影片中的以勤又跑又叫，走跳功夫獨特且高明，有時對鏡頭笑得好久，彷彿知道誰在鏡頭的另一端觀看，把燕湘的外婆逗樂了，氣血循環因此增加了。

二〇〇九年農曆春節，燕湘的外婆昏倒住院了。腦部缺氧造成後遺症，常忘了來訪的親友是誰。燕湘的媽媽非常著急，隨時殷勤陪伴在側。但是老人忘了女兒，常常動怒問：「妳是誰？怎麼來這兒！」

「媽，我是妳女兒呀！妳要記得。」

「不認識。」燕湘的外婆回答。

燕湘的媽媽十分難過，每每提及此段回憶，心中有萬分不捨，看著自己的母親躺在病床受折磨，各種針管扎入身體，藥劑一點一滴輸入，生命卻一點一滴消失，連最後記憶都空白了。

外婆的空白記憶，似乎唯獨對以勤顯影。

燕湘抱著以勤來探望。老人摸著曾孫的小手，彷彿抓到記憶的線索，說：「我有印象，只是想不起你叫什麼。」不知她是否記得以勤跟火雞對話，可以肯定的是她的最後時光，仍存有這位曾孫的印象。該說什麼，又說不上來，只能撫摸他的小手傳遞了深厚情感。

祖孫有一種莫名的聯繫，延續到兩天後的凌晨四點。

燕湘的外婆在凌晨四點被宣告腦死，等待隔天家屬到齊後拔管。在同一個時刻，身在十幾公里外的以勤，半夜裡忽然醒來，大哭大鬧不止，重複上演拿手的戲碼。任憑燕湘哄他、抱他，怎樣都安撫不了！孩子聲嘶力竭的哭著。令人驚奇的是，當她捻亮客廳的電燈，以勤便突然不哭了，安靜專注的看著掛鐘。時間寧靜肅穆，鐘指著凌晨四點。

燕湘心裡堅信著，這是外婆走之前，過來探望以勤，掛念以勤的象徵。

以勤隔天到醫院，探望腦死的外曾祖母。迥異於往日的好動，他靜靜佇立床邊，專注的凝視老人，任時光靜滯在藕斷絲連的關口。

這時以勤尚未受語言治療，仍常發出火雞語「咯嘍、咯嘍」，外人認為他活在自我世界，但在情感訣別之際，他卻勇敢跨出一步，雖然顛簸卻無畏，口中說：「太太，太太。」

「你說什麼？」語言來得突然，燕湘狐疑。

「太太，太太，BYE！-BYE！」以勤的口音很模糊，但是在場的大人都沒有聽錯。

客語稱外曾祖母是阿太（a-tai）。兒童在語言萌發階段，常常愛用疊字，「太太」是阿太的意思。

訣別時刻，思念湧起。

以勤的回應，令燕湘摸著兒子的頭，心頭無比溫潤。

或許，這是外曾祖母的禮物。以生命最後的力道，給以勤的無形禮物，努力帶他離開火雞語言，要他說出人類語言。禮物不僅止如此。隔年，燕湘的外婆做陰壽，燕湘買菊花祭悼，延遲了回家時間，久等的媽媽只好看電視，恰好看完寰宇電視（ASTRO）放映自閉症影片，片名一時之間竟然忘了，她要燕湘找出影片來看。

那時以勤被認定自閉症，燕湘亟欲解開兒子身上的枷鎖，相關資訊決不放過，她買了幾份當日報紙，在節目單裡尋覓，最後疑惑的停在「一閃一閃亮晶晶」，手指敲了兩下，怎麼看來像兒歌？或者兒童節目？

這也是燕湘的特質，不斷找尋自閉症資訊，只為了對孩子有幫助，絲毫不避諱面對自閉症。另一則是燕湘的信念，即使當時以勤狀態嚴重，她仍一直相信以勤能走入常軌，就像她堅信外婆與以勤的聯繫，那是一種很深的信念，能產生巨大的威力。

勇敢認識自閉兒

燕湘透過台灣的親友，買了舊版的ＤＶＤ，那是林正盛導演的紀錄片《一閃一閃亮晶晶》，記錄四位泛自閉症者李明澐、簡志澄、馬宇謙、李柏毅的故事。

二十幾歲的李伯毅是重度自閉，醫生判定終生無法講話，卻是一位天才畫家，經過治療之後，會講簡單言語。他從小對水畏懼，目前卻有職業水準泳技。至於讀國小的李明澐、簡志澄、馬宇謙，則透過媽媽們與特教老師的努力，呈現他們的成長歷程。

透過網路無國界，燕湘聯繫上李明澐的媽媽廖芳珍，說明自身處境。

燕湘盡其所能，積極應對自閉症，使人想起薩提爾女士的話：「**問題不是問題，如何應對問題，才是個問題。**」

看了自閉症的紀錄片，和自閉症者家屬聯繫，會有什麼影響呢？燕湘認為這是一個開始，她看見了一絲希望，也有了前進的方向。

和廖芳珍聯繫後幾個星期，郵務員按響了門鈴，遞上從台灣寄來的包裹。封箱膠帶層層包紮，裡頭是跨海洋、跨國界的關懷，是自閉症兒童的早療書籍。其中幾本是舊書，封面邊緣有些脫膠、捲曲，書冊略有汙漬。書裡處處以橘色螢光筆註記重點，或用原子筆註記心得。這些是前主人廖芳珍的紀錄，養育自閉症兒子的心血。

「在那之前的日子，以勤火雞式的說話，情緒常常瞬間抓狂。我絞盡腦汁想辦法解決，卻思緒一片混亂。」燕湘事後回憶，「這些書是錦囊妙計，好像是老天爺給的禮物，書裡都是我遇到的問題，讓我知道該怎麼努力。」

燕湘翻開《孩子，你不孤單》，書中有些句子非常鋒利，「沒有任何藥丸、注射，以及保健品或其他妙方，可以完全治癒自閉症。」

也就是自閉症可以改善，卻無法根癒。有些習性會一直跟著，直到孩子長大成人。「不會痊癒」這幾個字，刺進心坎裡滴血，燕湘震懾良久。

她過些時日才知道，書的主人廖芳珍也是在碰觸這句話之後，眼淚流個不停，生命一度失去意義。每當廖芳珍走在路上，看到別人的孩子抬頭向媽媽露出撒嬌的笑臉，她的心再次被刺痛而哭泣，當時兒子李明澐不會如此，因為自閉兒欠缺情感流露。

廖芳珍的淚水或許仍在書頁？燕湘將其視為汗漬。淚水與汗水成分一樣，唯獨後者能使命運改變。

燕湘回想《一閃一閃亮晶晶》裡，流汗付出的廖芳珍，使李明澐會笑、會跳舞，孩子的命運正逐漸清晰，走向乾淨明亮的未來，有表演舞台可以容身。這給燕湘一盞明燈，如果她能夠努力，以勤會像紀錄片中的孩子成長，擁有常規的舉動與學習。

這是她想要的圖像，以勤長大後是獨立個體，會自己生活、工作或追求小小的夢想，這比一般父母的期待簡單，就只要這麼簡單。

二〇一三年十一月，廖芳珍受邀到馬來西亞，在新山的「南特會所」講授應用行為分析（Applied Behavior Analysis，簡稱ＡＢＡ）。ＡＢＡ廣泛用在公司經營、商業管理與學校教育，也用在自閉症治療。簡單來說，是透過獎勵物品，誘發自閉兒自發性請求。

燕湘舉例說明，年幼的以勤不會說話、不懂肢體語言，只曉得哭鬧，想要什麼都令人費解，比如一個簡單的喝水動作，他都要透過漫長學習。

燕湘教導以勤喝水時，先教他用手指著水，才給他水喝。等到以勤下次要喝水了，懂得先以手指著水才能喝到。接著燕湘教他發音，比如簡單的「嗯」聲，等到他會用手指著水，發出「嗯」的聲音，媽媽才給水喝。最後教他「水」的發音，口渴時懂得說出「水」，才能得到水喝。

廖芳珍帶來了不少新觀念，ABA讓媽媽們開新眼界。在此之前，當地教導自閉兒的方式，類似傳統的土法煉鋼，常見是一群人圍著孩子，用椅子等工具將人圍堵到角落，硬逼著孩子學會。

廖珍芳到訪新山，燕湘彷彿遇到多年筆友，兩人相談得很愉快。如今燕湘將書放在南特會場，在陽光不太眷顧的書架，有些書卻隱隱發光，被翻得微捲且脫膠、泛黃，留下斑斑的紀錄。

這些紀錄是母親們奮鬥的祕笈，來自海洋那一端的台灣，暫泊馬來西亞，內頁增加了燕湘的見解，在下一位媽媽焦急的淚水碰觸前，它們都在韜光冬眠。

反覆練習愛與包容

想想看這樣的場景：一個蹲在沙灘的女孩——兩歲被判定自閉症，四歲才學會講話——她在沙灘蹲了幾個小時，重複讓細沙從指縫流淌，就算旁邊忽然發生車禍或槍擊，也不會使她抽離既有的世界。這個女孩將來的發展會怎樣？應該令很多人擔憂吧！尤其是女性自閉症患者，常伴隨嚴重的智能不足。

我們將時間快速轉動，看看這女孩的未來怎麼樣了。

女孩成為畜牧教授，具有愛心與同理心，發展出較人道的屠宰法。讓牛隻先通過狹窄通道來降低躁動；**自閉症使她討厭擁抱，那並非她的限制，誰料得她長大後的發展，甚至發明了紓壓的擁抱機。**

一九八六年，這位教授出版《擺脫困境——被貼標籤的自閉症》（*Emergence:Labeled Autistic*），那是她驚天破空的處女作。她陳述自身的經歷，揭開內心豐富世界，打破自閉症長久來被汙名化，立下了新的里程碑。從此作者天寶·葛蘭汀（Temple Grandin，一九四七～）被世界記住了，為醫學界帶來新的刺激，讓眾人重新看待自閉症。近年ＨＢＯ將她的故事自製成影集，奪得艾美獎七項大獎。

天寶．葛蘭汀在《擺脫困境——被貼標籤的自閉症》描述，少年時執著於「門」，任何門都會去打開看，直到有一天她通過一扇門後的樓梯，自己爬上瞭望台，從高處俯瞰群山，「看見月亮從山脊後面升起，與天上的星辰會合。我內心充滿一種被釋放的解脫感。」也許這一段經驗陳述，台灣出版社將書名譯為《星星的孩子》，比原著書名更加溫暖。

這本書具有影響力，大家漸漸稱自閉症者為「星兒」，電影或書籍亦常以星星代替自閉症者，這說法普及到華人世界，形容他們像天際的小星星，唯有平心靜氣地看待，才能看到他們的光芒。

「星兒」看似浪漫的詞彙，但是人生可見的任何光芒，都是「星媽」、「星爸」用血汗擦亮的，燕湘最能體會此中冷暖。以勤一兩歲時，常在家裡奔跑，不能好好坐下吃飯，吃兩口就爬不鏽鋼窗，學蜘蛛人爬到天花板上，怎麼呼喚都不下來。

不只是吃飯而已，日常生活的瑣事，以勤都聽不懂。燕湘叫他要關門、出門要穿鞋子、要穿衣服、東西不要亂丟……，他完全聽不懂，也不會表達。她照語言治療師的指導，教兒子說話，但是挫折多，成果甚少，以勤仍不會說話。燕湘有時有事耽擱急了，講話帶著火氣，重複多嘮叨幾次，以勤就衝去撞牆、撞瓦斯桶、撞玻璃門，有

薩提爾的
守護之心

自殘的行為。

尤其是上大號，令燕湘傷透腦筋。以勤進入第一間幼兒園時，隨地大便被校方數落。燕湘既難過、心疼又感到生氣，當日回家對以勤耳提面命：「不能隨地大便！知道嗎？」

「咯嘍、咯嘍」，以勤不會回答，發出含糊聲音。要是逆著他的意願，他會大聲喊叫，抗爭到底。但是燕湘更堅持，一定要教會以勤上廁所，這可是基本生活技能。雖然一教再教，兒子始終學不會，媽媽還是堅持下去。這就是教育，不是嗎？對的事情就要堅持！

訓練上廁所這件事，以勤往往不順從媽媽的意思，哭鬧著、大吼著、聲嘶力竭要掙脫。燕湘伸手沒抓住穩，以勤就衝出去了，朝牆壁撞出「砰」的聲響。跌倒的以勤不感到疼痛，瞬間站起身，再次卯足全力迎戰，就像是瘦弱的唐吉訶德挑戰風車，再度獲得「砰」的聲響，他又用頭大力撞牆。

這是以勤上演的日常戲碼，一哭，二鬧，三滾地，四撞牆。

這也是燕湘的日常修行，兒子怎樣教都不會。

一般父母遇到孩子頑強抵抗，遇到孩子屢學不會，遇到孩子情緒升起，大部分

的母親會挑起焦慮、憤怒、沮喪、自責與無助感，諸多情緒甚難排遣，負面思考不斷來襲，成為阻礙行動的障礙。但是燕湘並未如此，她的情緒很少停滯，思考不會拉扯她的內在，影響她外在的行動。她的內心仍然充滿愛，這個愛築成的信念，包裹著自己、孩子與家人，將愛融入期待，不斷行動。

於是當以勤在生活中遭遇困難，燕湘以其強大的信念，堅毅的行動力教導孩子。她以身作則，教導兒子上廁所，帶以勤進廁所，自己上廁所給他看，還指著大便說：「這是大便，要大在馬桶裡面。」

以勤就是學不會，燕湘示範完了之後，以勤依然在固定角落大便。燕湘以報紙遮住那個角落，他又尋找新角落大便。

燕湘顯然沒轍了，但是她的精力用於創造，執著於解決問題。她將廁所布置成遊戲間，要以勤乖乖坐馬桶，提供《汽車總動員》的玩具，拿出平板影片當作輔具，陪他玩著各式的汽車奔馳遊戲。接下來還有新節目，媽媽陪他吃薯片、講繪本；更新節目是爸爸示範使用馬桶，他解開褲襠教導，在兒子面前上大號與使用衛生紙，並且指著排泄物，抓著他的手按下控水閥，水聲嘩嘩沖走東西，就像閃電麥坤在跑道捲著狂風消失。

耗了好幾個小時，只為了教上廁所一件事，以勤還是沒便意，甚至在肛門塞入軟便劑也沒用。廁所成了以勤的生活空間，卻迥異一般人的使用認知，以勤視馬桶如凳子，一旦跳下馬桶了，他就蹲在地面上大便了。

父母不斷教育以勤上廁所，招式如此繽紛。然而所有的努力，未必有美好的結果，卻讓人反覆受折磨，但是當事人仍須堅持，那是燕湘學來的態度，亦是最珍貴的人格資產。

燕湘不斷遇挫，仍堅持下去的理由，是她心裡有一個信念：「**接納自己孩子有自閉症。只要她有心，一定能帶孩子好好成長。**」這信念非一般人能擁有。一般人即使這樣想，也只是一個「期待」，內在並不真正堅定，或者只是想要這樣的「信念」，並非真心如此相信。擁有了這樣的信念，燕湘勇敢面對問題，並且積極尋求解決方案，持之以恆的實踐各種方式。

燕湘還有一個重要的特質：「心中充滿著愛。」

心中充滿著愛，即使有痛苦、自責、憤怒等情緒，都不會停留太久，不會阻礙燕湘的行動，不會阻礙燕湘的思緒，朝向「以勤會健康發展」邁進。心中充滿著愛，就會有正向的看見，看見每一個美好的瞬間，**但是這個正向並非虛假，而是真心的看見**

與相信，內在不糾纏於自憐自艾、愧疚自責、憤怒沮喪之中，信念才會落實。然而正向的看見，並非忽略身心的感受，而是誠實面對感官之後，獲致的內在真實狀態，那是一種回到當下的工夫。燕湘並不需要特別覺察內在，情緒不糾纏體內太久，她找人敘說就有了抒發，重新找回愛與勇氣，繼續往她的信念邁進，這可能與她成長的經驗有關。某種程度能照顧自己，或不讓自己陷入困擾中，也有了力量照顧孩子。

依照「量子力學」的說法，燕湘的信念創造了量子場，發射了美好且堅定的圖像，在未來等待著她。發射信念的量子場，最需要和諧的情緒能量，燕湘並未讓各種情緒在體內糾纏，美好信念的圖像得以顯現，在科學界與心理學界，已經有許多專著與證明。

在本書〈陪孩子走一段路〉，提及貝曼介紹的薩提爾模式：

薩提爾模式是「提問模式」。

薩提爾模式是「正向模式」。

薩提爾模式是「量子模式」。

燕湘早年雖未學習薩提爾模式，但是她的身心、行動都符合薩提爾模式「正向」與「量子」模式。她日後接觸薩提爾模式，更懂得運用「好奇」，不是執著於問題為何如此，而是「好奇」問題怎麼了，她更能看見「正向」的圖像，朝著健康成長的發展而去。

燕湘教導兒子上廁所頻頻受挫，但是在尋找新學校方面，有了進展。她幫兒子辦理退學後，透過朋友找到另一間幼兒園。園長已經六、七十歲了，對幼兒教學有熱情，即便獲悉以勤有自閉症，仍願意邀請以勤就讀。燕湘再度燃起希望，期待以勤正常學習。

以勤進了新幼兒園，一樣隨地大小便，但是園長非常包容，說時間到了就自然會了。幼兒園的教育理念是，對孩子開放包容，允許他隨處走動，允許他在樓梯上下走動，也不逼他進教室，只要他不做危險的事情。這讓以勤有安全感。幼兒園的全體教師，都包容以勤的行為，包括幼兒園大廳的玩具。整整有好幾星期時間，以勤到了幼兒園，只待在大廳玩拼圖。他努力把英文F擠進T的空格，或把數字0硬塞進8的位置，鬆軟的泡棉拼圖很包容他的執著。

「時間到了，時間到了，大家集合。」園長拍手大喊。

幼兒園的小朋友聚在大廳，手搭在前者的肩膀，排成一條長龍。奇特的嘉年華派對展開，三歲左右的幼兒們，聲音稚嫩、手腳可愛，又唱又跳的前進，以勤的注意力被吸引，加入孩子們的遊戲。遊行的終點是廁所，三個小男孩擠進一間隔間，脫下褲子圍成圈圈，對準馬桶攻擊。這對以勤來說，可能比父親的表演更具魅力，更具親和力。

幼兒園的孩子，對以勤也比較友善。

以勤隨意走來走去，也不會留意腳步，常常踩到孩子置於地板的手。有一次燕湘到幼兒園，孩子們誠摯的對她說：「aunt，以勤踩到我們沒關係，我們會把手縮回來。」

馬來西亞是多語言社會，以aunt表示阿姨。燕湘聽到孩子體貼的心意，心裡泛起一道暖流。她知道，這是園長的教導，讓孩子同理自閉症同學。以勤在幼兒園的存在，也讓孩子學習認識多元，瞭解世上有迥異自己的人。幼兒園的友善環境，相較於第一所幼兒園，太適合以勤的學習了。

不過燕湘見三歲的孩子，都在幼兒教室上課，琅琅念誦英文或中文，而四歲的以勤仍到處晃蕩，她心中當然有期待，多次跟園長建議，讓以勤進入課堂，跟三歲的孩子一起學習。

「時候還不到，再等一陣子吧！」

燕湘不服氣的說：「四歲的以勤，進入三歲的課堂，應該不算操之過急，不讓以勤試試看，怎麼知道他不可以。」

園長以經驗判斷，說：「還不是時候……」

「其他孩子都可以呀！妳就讓以勤試試看。」

園長沉默了很久，拗不過執著的燕湘，勉強答應了她的要求。隔日，燕湘離開幼兒園後，刻意繞回去教室看兒子上課。燕湘腦海的美好畫面是：以勤要嘛坐在椅子上聽課，要嘛在教室角落晃盪，那多美好呀！但真相並非如此，那是一堂拼圖課，園長在大廳抱著以勤，抓著他的手操作。以勤哪裡肯屈服，完全不讓外人抱，不安的扭曲身子，抓到空隙就掙脫逃跑，又被園長老邁的手捉回來，如此戲碼不斷重複。

這樣的上課方式，老園長多累呀！燕湘心有虧欠時，這時身邊傳來一位老師的聲音：「以勤已經衝撞有兩個多小時了，老園長一直將他帶回來，抱著他，耐心的教。」

燕湘很心疼孩子，也心疼園長的堅持。下課時，園長對燕湘說：「我想妳也看到了，孩子的學習還不到時候，任何軟硬招式都沒用。要是他沒有準備好，強迫進教室，他會感到恐懼吧！甚至去撞牆。」

經過這件事，燕湘心境轉換，願意以退為進，不再堅持讓以勤進教室，願意多寬緩一點時間。**孩子的成長最好是親師有共識，多虧園長與燕湘的嘗試，還有彼此討論與包容，以勤找到了容身之處**，通過三個月的試讀期。以勤平日穿便服試讀，某日早晨首次穿上幼兒園制服——白色T恤、青色短棉褲，成為正式生。他揹著書包上學，混入幼兒群時，再也找不到身影。

燕湘眼眶浮起一絲溫潤，這正是她想見到的，希望兒子是普通孩子，與其他人打成一片，這樣的祈求終於跨出一步了。

傳遞溫度與創意的愛心便當

有些事之所以被想起，來自記憶的保溫。這句話對燕湘來說，應該既受用且準確。

她曾有六年時間，往返新山與新加坡之間通勤上班，手中永遠揣一個熱水罐。她清晨五點出門搭公車到國界，全體乘客必須下車，排隊依序通過海關，匆忙出關再入關，到另一端搭同班車往新加坡。新山是馬來西亞第二大城，次於首都吉隆坡，這城

薩提爾的守護之心

市與獅城僅僅相距一公里，受新加坡高工資與教育品質吸引，每日有四萬工人、五千位通勤學生，往返兩國之間。燕湘是其中之一，無論她今日穿著或心情如何，無論天氣颳風或豪雨，她手上永遠提個熱水罐。

午餐時間到了，她的便當盒就是那個熱水罐，裝著母親做的飯菜，得用細長的湯匙才能舀出來。即使經過了七小時，飯仍冒著氤氳的蒸汽。

每日出門前，她母親早起現做便當，廚房鍋鏟聲是清晨的樂聲，成了每日傳遞親情的動力。她六年來往返新加坡，便當從未中斷過。公司只有她帶便當，然而文化潮席捲人，當燕湘離職前，已有不少同事帶起便當。

從燕湘早起跨國上班，六年如一日的勤奮，以保溫瓶帶便當的獨特，傳遞了母親晨起的關愛，呈現了燕湘成長的背景，也難怪她有這麼強大毅力，去應對自閉症的孩子。

承載著這些記憶，燕湘成了媽媽，也成了做便當的人。

每日清晨五點，她起來為兒女準備餐點，如果菜餚不好料理，她得四點床應付，從未一日間斷。學校在十點鐘有二十分鐘的休息時間，學生會到福利社買糕點充飢，不然得熬到下午一點放學，才能回家用膳。燕湘的兩個孩子，都帶便當到學校，到了這二十分鐘的休息時刻，他們像是打開魔盒般的吸引同學，只見便當盒中的色彩斑斕，菜色是各式動物或卡通造型，不僅同學驚豔連連，教師也嘖嘖稱奇。

這些夢幻的便當菜，食物傳遞溫暖與想像，然而對燕湘來說，存有她對孩子的飲食控制，她持續堅持GFCF飲食。

GFCF（Gluten free casein free diet）是無麩質、無酪蛋白飲食。無麩質概念來自西方，有一派學者持如下意見：當今的小麥經過生化科技改良，麩質（Gluten）含量較高，常引起麩質不耐症、缺乏活力、情緒變化等副作用，於是有不吃麩質的飲食文化。有些醫生研究宣稱，麩質蛋白不能完全分解成單個胺基酸，引發消化系統異常，加重自閉症狀況。但有醫學專家以研究數據反駁，零麩質飲食無助自閉症，易引起孩童的營養失衡。甚至有醫生慎重提出，無麩質飲食是偽科學，近年來成為飲食暢銷書光芒，一般人除非被確診對麩質過敏，否則沒有必要嘗試。

GFCF獲得一些自閉症家長支持，燕湘屬於支持者。她認為麵粉裡有麵筋，是不溶於水的蛋白質麩質，會阻塞腸胃的小毛細孔。燕湘接觸GFCF時，抱著半信半疑態度，以「死馬當活馬醫」低姿態實踐，在幫孩子戒口的第三天，以勤的症狀有改變。他以前即使餓得要死，也不願意回頭吃兩口媽媽追來的湯匙菜。如今他安靜吃飯，胃口慢慢變大了，人際互動時，情緒波動也少，治療師為他整骨治療時，以勤哭鬧的狀況好轉。

家中原本不相信GFCF的鐵齒派，轉成積極配合的鷹派，燕湘的爸爸即是。當初不信戒斷麩質是特效藥，一旦看見成效了，買回來一堆無麩質餅乾。燕湘八十幾歲的外公，也是可愛的轉變者，過年期間老人喜吃零食，抱著娘惹雞蛋卷或牛油小花餅吃，一見以勤來拜年，不能再逗他吃，趕緊藏起來。

自從實施GFCF，以勤的飲食規條很多，除了麵粉與蛋類產品不行，連醬油也不行。原來燕湘的媽媽心細，曾在醬油廠工作，發現黑豆發酵的麴菌，在製程加入麵粉或麩皮。然而麵粉並非禁食，只要去除穀膠或麥麩，就能安穩食用，目前市場販售不少無麩質麵粉，燕湘用來烘焙麵包、做豬粉腸、英式小鬆餅馬芬，或是馬國頗受歡迎的印度煎餅給孩子。

自從實施GFCF之後，燕湘不得不成為廚藝高手，因為孩子到了學校，永遠不知道哪些外食會越過警戒線。再來她把便當的擺盤藝術提升，變成視覺系，吸引孩子吃。

燕湘很會使用顏色。她先用黏米粉[2]放在平底鍋，由四歲的以勤拿著木鏟攪動。

馬來西亞氣候炎熱，男孩喜歡打赤膊，他踮著雙腳，看白色乳漿慢慢濃稠，能訓練他的專注力。在蒸粿時，燕湘摻入天然顏色，黃色粿加入金瓜泥、褐粿是綠豆湯、藍粿是蝶豆花[3]汁、紫粿是蝶豆花加一點檸檬、綠粿是班蘭葉汁。班蘭葉（Pandan）是東南亞的「香料之王」，有香芋味，可摻入薏仁湯、綠豆湯，甚至咖啡裡，非常百搭，近年也透過東南亞移民配偶的飲食文化移入台灣。

一些留下來的便當照片，可見蒸粿的擺盤色彩斑斕。燕湘將色粿切成條狀，擺成彩虹，底下墊著萵苣，附上自己烘的GFCF笑臉餅，搭配切塊的奇異果。蝶豆花在台灣用在茶飲，在東南亞是食物的天然染料，燕湘用在小叮噹藍飯糰、湯瑪士藍粿、小小兵藍粿。有一次，她吃到的開齋餐是丁加奴的傳統藍飯，滋味非常難忘，她現學現賣，回頭做「海洋山的帆船」給以勤，只見海洋藍飯上，點綴兩艘紅蘿蔔雕飾的帆船與大魚。

燕湘很會利用造型，用來傳遞故事，以便當展示繪本內容。她用三角飯糰做綿羊臉，剪裁海苔當作眼睛、鼻子，用水煮白花椰菜當毛髮，小羊現身了，彷彿會咩咩叫。當以勤掀開便當蓋偷窺，惹得他興奮喊「Sheep（綿羊）」。這天的學習因此值得期待了。

實行飲食控制，對小孩來說，會不會偷吃破戒？燕湘很清楚，自閉症兒童有固執行為，像火車要脫軌般困難。剛實施飲食控制，以勤也有誤吃或嘴饞，造成他那天情緒起伏大，但是日子一久了，他腦海裡也形成一種機制，知道自己嚴禁麵粉與蛋類，會比較固執的遵守，不會偷吃，自律行為堪比僧侶戒律。

目前燕湘仍在執行ＧＦＣＦ飲食，但是已經漸漸放寬，偶爾提供一般麵食，並觀察以勤反映，藉以調整標準高低。將近十年飲食控制的以勤，已經發展出檢查機制，懂得如何避免踩紅線，凡是出外用餐時，他會近距離觀察他人吃東西，給人壓迫的感覺，然後問：「你吃的是什麼？」

「漢堡肉。」

「漢堡肉是什麼做的？」

「豬肉，摻有麵粉（當黏著劑）。」別人知道以勤有飲食控制，據實以告。

「這是什麼？」以勤問其他人。

「魚丸。」

「魚丸是什麼做的？」

「魚肉泥，會加麵粉固定。」

「這是什麼？」以勤又問，但鬧出笑話。

「青菜。」

「青菜是什麼做的？」

「青菜就青菜呀！哪有什麼做的。」

問答增添生活趣味，直到小學四、五年級，以勤還會蹦出古怪的詢問句，惹得大家不知該笑，還是該回答。

關於GFCF飲食，燕湘有個深刻記憶，是在一次前往芙蓉的旅程。她帶兩個孩子去森美蘭州首府芙蓉，參加《遙遠星球的孩子》放映分享會。這是來自台灣的紀錄片，呈現自閉症者世界，並傳遞重要的概念：自閉症者並非都是被誇大的天才，像電影《雨人》中的雷蒙，對數字與記憶有超強的能力，也並非是現實中的名人天寶・葛蘭汀或愛因斯坦等人。然而，自閉症者更不是未爆彈，被醜化為禁不起情緒壓力的人，他們只是想與社會融合的獨行者。燕湘想以母親的立場，現身說說自身經驗。

出發之前發生了變卦。原本結伴的好友突然生病，燕湘決定獨自開車三百公里，載兩個孩子去會場，並婉拒丈夫臨時加入幫忙。燕湘要想完成挑戰，又擔心自己能力不足，要是小孩半途在鬧，怎麼辦？小孩上廁所不順利，怎麼辦？她出發的前晚，在床上輾轉反側，連續被幾個旅途噩夢嚇醒。這或許是排毒作用，第二天醒來，她覺得心境穩當，與兩個孩子踏上旅程。

路途很順利，沒有噩夢般場景，但是用餐出了問題。在素食店吃飯時，一道色香味俱全、幾可亂真的素叉燒肉上桌，引起了以勤的食慾，他吵著要吃。素叉燒肉是麵筋做的，吃下肚子，茲事體大。麵筋是搓揉後的麵糰，再放入水裡沖洗，剩下的筋狀物成分是不溶於水的蛋白質，就是高含量的麩質，是GFCF的飲食紅線。

燕湘心中的警鈴大響，全力阻止兒子吃入口。結果以勤情緒爆炸了，不是因為吃了素叉燒，而是因為吃不到。

「吃。吃。」以勤發出簡單動詞，拿著湯匙，情緒激動。

「那是假的。那不是叉燒肉，是麵粉做的。」燕湘端走豔紅色素的素肉，眼不見為淨。

以勤心中想說的是：「別想騙我，那不是麵粉做的，是叉燒肉」。但是這麼複雜的句子，對他而言極其困難，不如以行動表現。他爬上飯桌，不受控制的哭泣，發出尖銳的吼叫聲，張牙舞爪抵抗大人的安慰。

這令燕湘十分難堪，也無法平息孩子的情緒。如果此刻在家中，燕湘能得心應手處理，一旦在眾人前出狀況，燕湘的緊張急遽升溫。

幸好有人出手幫忙——放映紀錄片的主辦方，暱稱「雜草老師」的李智豪，他跟餐廳老闆與鄰桌說明狀況，取得眾人的諒解。

隔桌的老人們也放下好奇，用餐完一邊悠閒喝茶，一邊冷靜聽兒童哭號。

燕湘心中忐忑稍安，等待以勤的情緒穩定。

到下午的放映會，以勤不斷衝撞，在會場跑來跑去。放映後的分享會，所有人不待燕湘說明，已經看到螢幕上的紀錄片，與螢幕下的自閉症孩子現場。這是一種機會教育，無論是餐廳長者，或放映會參與的觀眾，都理解自閉症與為母者的艱辛，正如《遙遠星球的孩子》導演沈可尚所言：「不是說看完片子，就可以跟自閉症患者成為好友，我覺得那樣太過矯情。至少你下次看到自閉症者，不是用一種敵視、仇視或是想要傷害他的眼光，而是用持平的心情去了解他。」

一般人要以持平心情瞭解，或許已經很不容易，但是對家屬而言，這樣的狀況經常出現，而且可能反覆出現，那就是最困難的考驗。燕湘需要多堅毅的心靈，多強大的信念，才能走過這些日子，這是非常艱辛的一條路。

囉喏治療法

馬來西亞是多元民族，馬來族群占人口一半，華人占總人口的百分之二十三，約七百四十萬人。馬來西亞有個詞，峇峇娘惹，峇峇是指男性，娘惹是女性，是指當初華人與當地原住民通婚的後代，說明了多元族群。馬國有個飲食用詞，叫做囉喏（Rojak），有各類蔬果與馬來蝦醬混合著吃的水果囉喏，或各類炸物與花生醬混合的印度囉喏，在路邊攤車有賣。這種酸甜的囉喏，對燕湘來說是好滋味，彷彿是她的人生甘苦。她也喜歡用囉喏，來譬喻她用多種療法帶領以勤。囉喏的馬來語意思是「混合物」，也就是「什錦」的意思。

以勤被認定有自閉症，燕湘找盡療法，工作與育兒兩端燃燒。之後她離開職場，當起全職媽媽。這段全職照顧的日子，凡是有助於自閉症的訊息，她都會積極嘗試，包括飲食控制、蒙特利梭、繪本教育、統感治療、ABA，每天陪以勤遊戲，每週去親近原始大自然。這就是她所謂的囉喏治療。

在囉喏治療中，燕湘有項很早接觸，也堅持很久，那是「顱脊髓神經系統治療法」，台灣稱為顱骶骨治療法（Cranial Osteopathy），簡稱整骨。

燕湘要去的整骨診所，位於新加坡的摩天大樓，每三週一次療程。她開著淺藍色標緻汽車，那是她買來的第一台車，載女兒以晨、兒子以勤前去，且挑選非假日的上班時間，不然得耗在擁擠的海關。

二〇一〇年三月，那次燕湘因有工作在身，由她媽媽帶孩子去檢查。整骨醫生第一次會診，為躺著的以勤觸摸頭顱。以勤不愛肢體碰觸的親暱感，甚至是在厭惡掙扎中完成。

「以勤的頭骨密合度，不是完整的。」整骨醫生的兩手五指張開，塞進去密合，以此當成譬喻，他說：「嬰兒頭骨會自己密合，摸起來平滑，但以勤的頭骨縫有高低重疊。」

「怎麼會這樣？」

「應該是媽媽生產過程中，骨盆狹小或不正，影響孩子頭顱。」

「那怎麼辦？」

「不及早治療，左腦會慢慢停頓。」

初生兒的頭顱由幾片骨組合，彼此有縫，母親分娩生產時，彼此會擠壓重疊，以便順利通過狹小產道。有不少嬰兒出生時，頭顱呈長卵狀，頭骨交接處重疊，不久能恢復正常。但是，嬰兒頭顱過早癒合，恐罹患愛伯特氏症（Apert syndrome），機率有二萬分之一，常常合併手指、腳趾的畸型，伴隨著智能障礙。但沒有醫學研究支持，頭骨重疊與自閉症有關聯。

媽媽將醫生的判斷，轉述給燕湘聽。燕湘相信這說法，不久前她才做子宮抹片檢查，婦產醫生檢驗時，說她骨盆狹小。她又想到以勤是自然分娩，出生之後的頭骨縫確實「卡卡的」，這其實是自然現象。但是整骨醫生說出「母親骨盆狹小，影響嬰兒頭骨癒合」，擊中燕湘的母性脆弱。燕湘生女兒時，在公立醫院歷經了三天折磨，最後才剖腹產下，於是決定第二胎的以勤要在私人醫院順產，沒想到因此給兒子添了苦難。

那一陣子，燕湘特別痛苦。一想到自己造成兒子自閉症，那是「為什麼我沒辦法給孩子健康的身體，害他一輩子要辛苦走下去」的愧歉，無論是做菜或洗衣時，停下手就哭不停。

她自責的情緒上來，所幸並未攫住心靈太久。一般人的自責情緒，會在遇到孩子不斷發生狀況，遇到挫敗時偷偷上來，限制人的思考與行動。**若是遇到這樣的狀況，通常邀請當事人覺察情緒，學會應對自己的情緒，才能好好照顧孩子。**但是燕湘的自責情緒，瞬間如海潮般湧來，也如海潮般退去，不至於在心中盤桓不去。

她曾在吉隆坡讀專科學院，畢業前夕的課業壓大，犯了胸絞痛毛病，此毛病出社會之後就不再犯。有天半夜她突然醒來，看著黑漆漆的天花板，又想到兒子的自閉症是自己造成，豆大淚水湧出來，整個夜晚哭不停，自責使胸絞痛來襲了。

燕湘決定帶以勤去新加坡整骨。整骨醫生來自西班牙，受過專業訓練，做過無數病患，有很好的聲譽。他用兩手摸著以勤頭顱，輕輕滑動兩側的顳骨，這地方像魚鰓，是顱骶骨治療法的啟動開關。這力道非常輕緩，不會有疼痛或不舒服，但以勤拒絕被碰觸，他大叫、掙扎、哭泣、生氣，要從診療床上起來，引起其他患者的側目。

整骨醫生與燕湘討論後，決定繼續治療，加入兩位助手壓住以勤手腳。以勤僅剩嘴巴能反抗，十幾分鐘後他下床，只見他眼睛哭得紅腫，像泡過水的核桃，之後被媽媽帶去逛商場，走過琳瑯的商品區，很快就忘了不悅。

遇到這樣的狀況，一般照顧者會困於侷限中，以無奈的心情說：「沒辦法呀！孩子不願意被碰呀！」

一般照顧者若是被情緒攪動，也會以受害者的心情：「為什麼……」

還有的照顧者，**內在充盈著不是愛，而是可憐的情緒**，在正常療程中不忍孩子受苦，可憐孩子的遭遇，因而選擇放棄了，不另覓路徑。

但是燕湘並未被以勤的掙扎、大叫影響，而是想著「我能為此刻做些什麼？」。

就算不能做些什麼，燕湘選擇的不是放棄，而是停頓下來，放慢腳步，她帶著以勤去逛商場。燕湘並不知道結果如何，亦即不知道以勤就是否願意，但是燕湘有著信念。

但在療程中仍有負面經驗，讓燕湘記憶深刻。有一次，整骨過程順利，以勤沒有大哭大鬧，可是經過商場的模型車架，他受不了誘惑，嚷嚷著吵鬧要買。燕湘哪有餘錢可買模型，急忙拉著他離開。但潘朵拉的盒子打開了，以勤鬧著買車，最後情緒崩潰，上演一哭二鬧三滾地。

面對以勤這種況狀，燕湘早已身經百戰，但是在家較好處理，在外頭，她有時會冷處理，讓孩子情緒漸漸緩下。但是這次以勤在公眾場合哭鬧，上演人肉輪胎滾動，燕湘無法予以冷處理，也控制不了自己的焦躁，只能防止他受傷，所以趕緊把要滾下手扶梯的兒子拉回來。以勤突然站起來，表現激烈的「撞頭功」，朝商店街的玻璃撞過去。

店員走到門口，嫌惡的說：「小姐，拜託妳把他帶走，不要待在這裡，去樓下走走也好，請不要在這裡。」

燕湘拉住以勤，左看右看尋覓地點，想找個地方棲身。

「去，帶他去那裡哭。」商家指著對面角落。

燕湘看過去，那是走廊盡頭的廁所，更令她隱隱刺痛的是大家看過來，有人手扠腰，有人交頭接耳，四周異樣的目光交織著利刺，層層困住了她。

她緊張又無助，慌張的抱起以勤，叫女兒跟緊點，狼狽逃走。開車回家的路上，以勤仍然鬧脾氣，既哭且鬧，等越過柔佛海峽，到了家才搞定。

燕湘以為自己很堅強，輕咬一下嘴角，沒為這件事哭，也不會在女兒面前哭，免得這六歲小女孩安慰她。但她打電話向媽媽訴苦時，再也無法倔強，淚水直直滑落。

燕湘邊哭邊想著，得把握以勤七歲前的早療黃金期，將他的行為導正到安全範圍。她現在有能力抱以勤逃跑，要是孩子長大到十歲或二十歲，力氣與體型都變大了，若當眾這樣鬧脾氣，她絕對無法控制這場面。

燕湘告訴自己得再努力，只有靠自己最可靠。

掛斷電話之後，她擦乾眼淚，沒讓女兒看到淚痕，衝到廚房做飯了。

燕湘認為，整骨打開了以勤的語言系統，使她得以堅持下去。三歲的以勤在幼兒園活動，透過職能治療師的遊戲互動、同齡兒童影響與家庭教導，漸漸能說話了。但燕湘認為是整骨發揮了重要作用。

第一次整骨回來，以勤的表達有些進步。

第二次整骨歸來，以勤能講出數字卡的偶數。

第三次整骨返家，他能稍微表達情感，能聽懂大人的命令句「可以或不可以」，能把蘋果往嘴裡吞，以前他只曉得啃了往外吐。

第四次整骨之後，以勤表現突飛猛進。與父母互動時，懂得眼神交流，取代以往的迴避或冷漠。最神奇的莫過於那天，燕湘的胞弟與以勤玩，胞弟突然將人帶到大家眼前，興奮說：「不知道是不是我聽錯，希望不是我的錯覺。」

「怎麼了？」大家要求別別賣關子。

「我是誰？」舅舅拉著以勤，蹲下來問他。

以勤沒有說話，目光有些閃躲。

「我・是・誰？」舅舅再問一次，放慢速度。

以勤仍低頭不語，就在大家要放棄、轉身去做事情時，他以潮州話說：「阿古[4]。」

客廳頓時亮起來，大家報以鼓掌。親友們將喜悅回饋給燕湘，稱許她的不懈努力。燕湘自是最歡喜，兒子會認人了，比什麼禮物都值得。

燕湘靜靜看著以勤，心中多了一份早有的期待。如果兒子能認人，一定也能認她這位媽媽，「加油，孩子。」她默不出聲在心中鼓勵。

二〇一〇年九月下旬，這天值得被記錄下來。燕湘下班返家，以勤纏著要她抱著去散步，她工作已經疲憊，仍帶他出去。母子沿著社區馬路散步，也許就在晚霞茜紅、路燈迸亮的那一刻，天空最早露臉的星星，見證了人間星兒最美的時刻。以勤突然對燕湘說，「媽咪。」然後用手遮嘴巴，要媽媽親親他的手，羞得以為剛剛發錯音了。

燕湘瞬間愣住了，接著面露驚喜。這孩子花了三年才第一次叫出媽媽，比起其他的孩子，慢了很多年。呼喚媽媽僅僅一句，像流星般的瞬間光芒，卻拉近了母子間關。流星最易被記得，但需要花很多時間等待，盯著浩瀚夜空才看得到的剎那。

花時間給孩子最值得，不是嗎？但燕湘的等待，並非什麼都不做的等待，而是「創造性地等待」，但「創造」的作為，需要的是寧靜的心。

女兒為媽媽做的東西

人們有時會說，神給予的試煉，不會超過你所能承受。也有人鼓勵說，神給你試煉之前，會先派助手給你。對燕湘來說，以勤改變了她，是她生命中的重要人物，她費盡心思在他身上，換來為母則強的道理。但是，她不曉得在面對挑戰前，上帝先派來了小助手——女兒以晨，她費了一番手腳才來到世間。

燕湘在臨盆前，公司舉辦尾牙，慶祝即將來臨的伊斯蘭教開齋節。開齋節是伊斯蘭教的新年，也是馬來西亞最歡樂的慶典。她吃完了收工酒[5]，禮拜五半夜開始肚子痛，羊水破了，緊急送到公立醫院待產。

公立醫院是免費醫療，病患因此較多，常常一個大病房內，躺了上百床病患。醫院只有手術房有空調，病房只能開窗通風，家屬帶來的電扇嗡嗡轉動，或不斷揮扇子對抗滯悶。整個週日的時光，她躺在病床與假性陣痛奮鬥，到了週一主治醫生上班來檢查，當機立斷剖腹生產。燕湘遲遲等不到送進手術房，託人詢問院方狀況，得到的答覆是有孕婦的娃娃心跳變弱，得立刻緊急動刀。這嚇得燕湘隔著肚皮摸，確定孩子心跳堅強，才鬆了一口氣。

到了傍晚時分，排刀的時間接近了，燕湘準備好以晨的到來，沒想到護理人員紛紛離開病房。

她用馬來語急問：「怎麼了？」

「開齋飯到了。」

齋戒月是伊斯蘭教的重要日子，是穆斯林的精神時間，直到象徵新年的開齋節到來。齋戒期間，信徒在日出前吃完封齋飯後，包括咖啡、茶、碳酸飲料與菸草都不允許，直到日落的開齋飯才聚餐。由於老人、病人、孕婦可以不用參與齋戒，醫院內沒有強烈的氣氛，但是穆斯林的醫護人員需堅守，開齋飯得放下手邊工作進食，這是穆斯林的宗教儀式。而燕湘的剖腹產，直到九點才進手術房產下以晨。

燕湘給予第一位孩子以晨的是傳統教養，給她好的教育環境，同時也給她藤鞭。小孩學不會就多教，老是教不會就鞭打，這招式對以晨有效，她是健康的小孩，若用在以勤就沒效，要是又打又罵能治好自閉症，人類就不用研究它的成因，也不用費力推行早療。特別是帶兒子治療的初期，面對有形無形的壓力，燕湘累積的壓力無處宣洩，會將情緒與管教女兒混在一起，拿她當出氣筒，藤鞭打得特別兇。

由此可以看出，以勤的自閉症狀況，燕湘有明確且堅定的信念，她成了一位堅毅、樂觀、時時在當下的母親。但是面對健康的以晨，燕湘這份信念、覺知都未曾出現，她甚少將脾氣發在以勤身上，卻因為不覺知自己，而將情緒轉嫁在以晨的身上。

以勤出生之後，沒想到以晨的皮膚過敏變糟了，到處找中西醫看病，有時候花八小時候診。她的驗血報告滿江紅，要對很多食物戒口才行，包括蛋類、雞湯、八角、江仔魚（鯷科）等，但是患部過敏，需要忍住癢感不去搔抓，以晨常常無法忍受去抓，造成破皮傷口，尤其大腿最易出現。狀況時好時壞。

英文老師曾當眾說，她的腳爛成這樣子了，怎麼還不去看醫生？因此同學幫她取了「爛腳婆」綽號。以晨回家也不敢講，只得默默承受。燕湘準備GFCF便當，以晨跟著以勤同一陣線帶到學校，卻被同學嫌棄她吃的便當是引發身體抓破皮的原因。每當她打開便當蓋，有些人誇張地做出閃炸彈的動作，常讓以晨揪心一痛。

年幼時的以晨，已體會到她的過敏與自閉症弟弟，讓媽媽得付出辛勞與辛酸。燕湘的記憶深遠難忘的是，那一次以勤被老師責備是狗，她傷心了很長的時間，打電話跟阿姨訴苦，說到傷心、難過處，眼淚噴溼了眼鏡。這時六歲的以晨拿了氈子，披在媽媽肩上，稚聲安慰說：「沒事了。」燕湘當下從情緒裡驚醒，錯愕的看著女兒，心想她過於成熟、貼心，怎麼不像一般的孩子在遠處玩。

以晨也是潤滑劑，充當夫妻爭執的和事佬。有次燕湘與丈夫在電話線上爭吵，返家當著女兒的面只好冷戰，彼此都不說話。

以晨早已洞悉模式，為了打破父母冷戰的僵局，拿出爸爸心愛的雨傘，對媽媽說：「媽媽，剛才下雨，爸爸給我雨傘，現在我遮妳，然後妳要遮爸爸哦！」

燕湘摸著女兒，覺得這些舉動令人暖和了。

於是以晨幫媽媽繼續解憂的最好方法，是自己成了「小媽媽」，這是她的人生路。

從此，燕湘為以勤的自閉症奔波時，女兒會一路幫忙。

前往醫院路上，媽媽怕兒子在人群走失，緊緊牽著他的手，殿後的「小媽媽」幫忙揹書包、提水。

媽媽參加自閉症成長活動時，「小媽媽」在教室外照顧以勤。

媽媽脾氣不好，沒耐心教功課，「小媽媽」上陣教弟弟。

「小媽媽」主動陪弟弟感統練習，免得以勤懶散。

「小媽媽」帶弟弟去學跆拳道。

「小媽媽」做了很多事。

燕湘更發現，當她與別人討論如何改善兒子的自閉症時，一旁安靜做事的女兒會悄悄聽大人講話，事後用心照著步驟照顧弟弟，有時方法記得比燕湘更清楚。

薩提爾的守護之心

燕湘守護著家庭，守護著以勤之際，原來有個小天使呀！燕湘的韌性也許來自天性，面對艱難挫敗能不久久陷溺，雖然自責卻不被自責控制，心靈堅毅能一往無前，背後原來有個守護天使。

但天使的年齡尚幼，即已懂得守護家人，勢必忽略了照顧自己，因為以晨也是孩子，她也需要被呵護才能成長，這個天使失去童年自我，亦是多少類似家庭的寫照。

燕湘的脾氣很拗，對於教養有傳統的一面，有時以訓斥打罵管教，以晨受了很多苦。燕湘沒有意識到如何使用良好教養，若不是以勤出世了，她不會努力學習教育，改變自己的應對姿態。

有一次以晨做錯事，燕湘打得嚴厲，要求她不准哭，以免吵醒正在睡覺的弟弟。若是以勤被吵醒了會哭鬧，燕湘得花兩小時照顧，抱他看電視、開車載去兜風才會入睡，這往往使她隔日上班更累。

這種「不准哭」管教的後遺症，竟使得以晨失去哭的本能。

以晨小學一年級，燕湘管教功課時，又瞬間動怒了，抄起藤鞭打下去，赫然發現以晨雙手捏緊、嘴角緊緊抿著、抵著牆當作依靠，生怕吵醒弟弟似的不敢哭。燕湘那時有了警醒，以晨在大白天不哭，這是不健康的表現。

「快點哭。」燕湘大聲喊著。

以晨個性倔強，眼角乾乾淨淨，沒有半點淚水。

「不哭就不要再見我了。」燕湘期待以晨哭泣，卻使用強迫的方式，把女兒推出房門。

以晨看見房門關上，內在升起被遺棄的慌張感覺，奮力敲著門，說：「妳打我，妳打我，我以後不敢了。」

燕湘這時清楚了，以晨打死都「不哭」，可能源自童年創傷，失去這年紀應有的純真。以晨得照顧弟弟，又得承受媽媽責備。六歲女兒太懂事，內在學會太壓抑，變成無聲無息的出氣包。

這是何其艱難的事。燕湘耗盡精力面對以勤自閉症，轉身之後幾乎沒有餘力，只能用最傳統、最直覺、最「有效」的方式對待女兒，忽略女兒的成長與感受。

朋友告誡燕湘不能如此，以晨的內在與應對太艱苦，再這樣下去會讓天使折翼。燕湘已經能看得出來，但亦不知道該如何。她沒有「招」去彌補母女的關係。當時燕湘沒學過薩提爾模式，不曉得如何處理衝突，心心念念以為女兒一哭就能治癒了。

薩提爾的守護之心

「妳要哭。」燕湘打開門，下達命令。

一分一秒過去了，小媽媽咬著牙，努力想哭出來。她知道一旦哭泣了，媽媽的壓力就紓解了。但是她就是哭不出來，像是個壞掉的洋娃娃。

哇一聲，哭聲出現了。

因為女兒哭不出來，燕湘按捺不住情緒，瞬間崩潰大哭了。燕湘知道女兒受苦了，內疚、愧歉與懊悔在心中攪繞，她不知道該如何處理。她天生就是愛哭的人，哭泣是她最脆弱與最真誠的反應。

燕湘的內在再次為以晨翻攪，是在當地的手繪本創作活動。

燕湘當時剛接觸繪本，每星期騰出三天陪讀。兩個小孩喜歡繪本，開啟了對華文書的興趣。燕湘對手繪本創作很感興趣，但礙於一系列活動的費用高，她想放棄不參與了，卻又想藉繪本了解女兒內心，最後選擇參加。

以晨在繪本課程畫了七張圖，她並沒有按照讀過的繪本，畫些擬人化的動植物，也沒有符合燕湘的期待，藉由藝術創作排毒——宣洩對母親的憤怒與不滿。

小女孩畫得很豐富，充滿陽光的畫面，題目是「劉以晨為媽媽做的東西」，內容共有七件：

一、我寫字。

二、我用心讀書。

三、我學珠算快快。

四、我不要講騙話。

五、我不要吃蛋糕。

六、我用心彈琴。

七、媽媽去做工。

以晨完成畫作之後，燕湘拿來仔細端詳。

第四項的「講騙話」，緣由是以晨的表達不好，無法精確表達內心想法，被燕湘誤為說謊。

第五項「不吃蛋糕」，是以晨對蛋類過敏，不能吃蛋糕。

第七項其實是擔心家計，認為媽媽沒工作就沒錢。

「妳知道題目是什麼嗎？」燕湘認為畫得文不對題，對女兒說：「妳再想想看，題目是『劉以晨為媽媽做的東西』，這些都有按照題目畫出來嗎？」

「全部都是呀！都是以晨為媽咪做的。」女兒說。

燕湘只好對繪本老師求教，問：「老師評評理，這是為媽媽做的事嗎？」

「沒錯，全都是。」

燕湘內心震懾，再細究繪本內容，真相確實如此。

一位六歲女孩的繪畫，題目就是討好媽媽，她努力所做的自己，是迎合媽媽的需求。這個天使般的女孩，不願媽媽像狂風中的蠟燭般燃燒乾枯，她小小內在驅策自己。這麼年幼的孩子，本能應是遊戲玩樂，卻有超齡表現，那是被環境擠壓出來。燕湘把心裡的話，單獨跟繪本老師吐露，一把眼淚一把鼻涕，覺得女兒委屈了。

隔天是「曼陀羅彩繪」課程，藉由繪筆的色調，釋放壓力與傷痛，了解身心記憶的伏流。燕湘與以晨一同參與繪畫，繪本老師覺得燕湘狀態安好，但是女兒的狀態令人擔心。

以晨畫了一個人頭像，有圓臉、濃蓬髮、戴眼鏡，圖像占滿了紙張。

無論繪本老師如何詢問，她堅持她畫的是壞掉的娃娃。

以晨曾擁有這洋娃娃，非常喜歡它，如今想要表達的是要修好它，希望它多多吃飯，開開心心過日子。

以晨的這張圖畫，黑色調太濃烈了，最顯眼的是戴著眼鏡的洋娃娃，樣貌太古怪。在場工作人員凝視圖畫，再緩緩抬頭看著燕湘——她圓臉、濃蓬髮、戴眼鏡——影像重疊了，壞掉的洋娃娃與老是哭壞的媽媽相同，這分明是在畫燕湘。這下又惹得燕湘哭出來了。

回程燕湘開車時，以晨問：「媽媽，可以不要一直哭嗎？」

「為什麼？」燕湘問了幾次。

「不然她們會說很慢。」

這六歲小女孩，無法精確表達心中感想，到底什麼是「很慢」呢？但這都不重要了。她只想要變得更強壯，想極力保護媽媽，始終沒有因媽媽的兇厲、不公或藤鞭，而心懷怨恨。

燕湘這時體悟，在帶領兒子成長的道路，若無女兒先來世間鋪路，她會多麼孤寂與無力。

幾天之後繪本發回來，寫上了新題目：〈我愛媽媽〉。

封面以粉紅色為底，上頭畫著以晨與燕湘的人物圖。以晨為自己繪上熱情的紅色調，照亮淡色系著色的媽媽，似乎相信自己可以幫上忙。燕湘至今仍珍藏這繪本，也是對自己的提醒，曾與女兒有過一段緊繃關係。

來自台灣的禮物

以勤終於學會上廁所，不過，花了很長的時間學習。當初他到處大便，喜歡躲在角落祕處上廁所，燕湘搬東西將那兒遮蓋，他又另覓角落大便，實在令人洩氣。親人拿報紙放在角落，提供以勤蹲著方便，他固執不願就範，屎尿都尿在褲子裡。

燕湘只得吩咐以晨，每半小時帶他上廁所，依然不見改變。以勤最終學會上廁所。這歷程說來輕鬆，做起來辛苦極了。面對孩子無法打理基本生活，燕湘時而沮喪，但她始終沒有失去信念，且孩子的進步會沖淡沮喪。她有一股韌性與堅定信念，確定以勤一定能如常人。

每個星兒都有難過的關卡。比如簡單的「洗澡」，燕湘認識的一位媽媽，花了四年才教會自己的特殊兒洗頭。以勤學洗澡沒難處，也不會怕水，還成為語言學習時段。燕湘每日為他洗澡時，會發出指令「手」或「腳」，接著在他手或腳施力抹皂。

不久之後，燕湘教他左右之分，會先說「右．手」、「左．手」接著在他左右手部位抹皂。

這些單純指令還有深意，意在觸摸肢體，意在強化語言概念與發音，每日重複就有成效。這些看似不起眼的動作，日復一日、月復一月，以勤的進步反映在行為上。他喜歡自己抹肥皂，享受蓮蓬頭的細碎水花，將溽熱隨水帶走，體會馬來西亞華人將洗澡喚作「沖涼」的樂趣。燕湘還利用他澡間戲水，拿出牙膏與牙刷教學。不久他主動大喊：我要刷牙，玩起刷子幫牙齒洗澡的遊戲。

生活上的練習從未斷，這種洗澡時碰觸手腳，刺激語言與認知系統，也列入燕湘對兒子的「囉嗦治療」之一。這招來自台灣的道雲法師。法師曾赴德國學心理學，本身有二十多年特教老師經歷，以僧侶身分到馬國授課。燕湘偕同先生去聽。

燕湘至今仍記得演講內容，比如父母帶領小孩一起洗菜，尤其細微的剝豆程序，可刺激小孩的肌肉發展；教小孩用抹布擦地，可以刺激前庭系統。道雲法師也分享台灣的融合教育：將狀況較好的特殊學童一位，放入普通班學習，或將普通班的一位學生，放入特殊班體驗。道雲法師還傳授「劇場式教學」，燕湘常常使用，以誇張演出刺激以勤的學習。

可以想像以下場景：

以勤滿嘴是「咯嘍」的火雞聲音，完全不成字彙，難與人溝通。他最常玩的遊戲是各式跑車，對外界事物不關注。這時一齣齣短劇在他眼前上演。那是燕湘把手中物品，遞給迎面而來的女兒，刻意提高腔調說：「給妳。」

「謝謝。」女兒高聲說，雙手刻意接下，再行一個禮。動作很誇大。

「不客氣。」

過了幾分鐘，誇大的戲劇與角色又上演了，劇碼都是臨時謅的。

燕湘四處走動，雙手撞上姪女恩恩，兩人狹路相逢，只是逢場作戲。恩恩喜愛演戲，她被撞倒之後，高喊天呀，往後退幾步，倒在地上翻動。

「對不起。」燕湘上前扶起恩恩。

「沒關係。」恩恩提高音量，揚了一下眉梢。

臨時的戲劇演出，聲色效果俱佳，迫使以勤暫時脫離自我世界，抬起頭瞧瞧周遭，到底發生了什麼事。若是換成平常，家中發生了聲響，他的眼神與雙手動也不動，黏死在玩具車上，家人若蠻力中斷他玩耍，會引發他巨大情緒。

戲碼亦在上班前上演。燕湘每日去工作前，她會重複相同的話，「以勤，我要去哪裡？」

剛開始得不到回答，由一旁姐姐提高音量：「去工廠。」每次如此，每日如此，日日重複，不厭其煩，意在敲醒兒子，打開封閉的心靈之窗。未料幾個月後，燕湘再度詢問：「以勤，我要去哪裡？」以勤心靈之窗開了，開了口回答：「去工廠。」

燕湘眼淚都噴出來了。

大約與道雲法師同時，老天爺又送來一個禮物，那是荷蘭來的唐老師。唐老師教授親子瑜伽，藉由身體各種動作，諸如翻跟斗、轉動身軀，刺激人的前庭系統，那管控平衡感與空間感。燕湘聆聽這些緣由，認為與整骨功效類似，多次參與唐老師的課程。

以勤在課堂上，總是不安定，跑來跑去晃盪，燕湘抓不回來。唐老師知道以勤狀況，允許他到處跑，只要注意安全，不要跑出視線即可。

親子瑜伽有些動作耗費體力，比如翻跟斗，燕湘自己做不來，她協助孩子翻三圈，就完全無法再翻了，得麻煩工作繁忙的先生。先生平時跟以勤的互動不緊密，藉此機會增加父子互動，亦是一舉兩得的好方式。

唐老師是個神仙人物，態度從容淡定，天大的事也是雲淡風輕。

唐老師前去馬國授課，曾住過燕湘家。燕湘家空間不大，唐老師卻安然自在。有一次唐老師將離開馬國，與大家聚餐惜別。他身穿紫唐衫、蓄濃密花白鬍髯，講話不疾不緩，態度安然閒雅。同桌的媽媽們，臉上表情個個自然，桌底下卻別有文章，幾隻手捏來捏去傳訊號，她們想盡辦法催促唐老師加快用餐。原來唐老師要搭五個多小時的巴士車程，從新山到吉隆坡機場，時間所剩不多了，他卻不在乎行程的急迫。

「待會吃完飯，我們一起散步到巴士站。」唐老師說。

「唐老師，你知道的，我們這邊天氣比較熱，不適合散步，而且走過去要半小時呀！」媽媽們全都跳起來大聲說話，臉上的雲淡風輕轉陰了。

燕湘也著急的說：「老師，這樣好了，我們開車載你到巴士站。」

唐老師回答：「不急，巴士走了，就搭下一班車吧！我可以等。」

燕湘忙著辯解：「可是飛機不等人。」

唐老師還是唐老師，悠哉的說：「不用太慌張，急了反而不好，是吧！」

以上的對話，雙方不是用荷蘭語，也不是用英語對話，而是完全用華文交談，因為唐老師是懂中文的台灣女婿。

唐睿謙（Rutger JB Tamminga）出生荷蘭，兄長是醫生或建築師，唯有他心繫社會服務，常常去醫院照顧病患或街友。大學畢業之後，他先去印度與尼泊爾修行瑜伽。一九七八年之後，到非洲行善十二年，在肯亞創辦或經營二十餘所小學，又到尚比亞奉獻教育，灌溉二十一所基礎學校，接著到亞洲區服務，主力在東南亞各國。

這樣的唐老師，如何成為台灣女婿呢？

與唐老師幾乎同時，是在地球另一端的台灣，有一位女孩林士琪，歷經赤貧家庭與家暴，半工半讀完成大學夜間部學業，一九七五年飛往尼泊爾的喜馬拉雅山麓，研習佛學與瑜伽，並尋覓社會服務的依歸。三年後她前往非洲，四處籌募資金，先後成立二十幾間基礎學校。在那塊土地，林士琪遇到唐睿謙，彼此只是不期而遇的朋友。在那之後，兩人先後被安排到東南亞服務，彼此有數次緣淺的邂逅。

一九九五年，唐睿謙來到台灣台中服務，這正是林士琪亟欲脫離、奔赴他方，尋找解答的故鄉。一種驀然回首的燈火吸引，一種回溯源頭的情感牽絆，一種勇於破繭的力道，是什麼因緣也說不清楚，世上有種講不清楚的神祕力量，有人將之稱為「緣分」。林士琪隨後毅然回到台中，與唐睿謙成立家庭。

如今他們住在台中，經營自己的幼兒園，女兒已經大學畢業了。他們十年前在非洲迦納買了三塊地，預備幫助貧童興學；並在亞洲成立多間瑜伽道場，致力推廣特殊兒童瑜伽，也推廣學校瑜伽教學。這對夫妻榮獲周大觀文教基金會頒發「二〇一八年全球熱愛生命獎章」。

燕湘與唐老師的相逢，亦是難得緣分。唐老師透過各種遊戲、繪本與不同的瑜伽姿勢，或是親子按摩，促進親子互動。燕湘的兩個孩子，常在課後，見到爸爸就玩成一團。燕湘從唐老師處學會很多事，他對事情的態度，給人舒緩自在的感覺，讓燕湘受到很多啟發與影響，對事物也比較安然看待。上了唐老師的課之後，以勤三年來撞牆而令人心痛、辛酸的日子，終於有了改善。至今，燕湘有空仍會帶以勤上兒童瑜伽，維持著舒展與運動的習慣。

亞斯青年的求婚記

燕湘二十多歲時，從吉隆坡的一家設計學院畢業，回到家鄉的紙箱公司，擔任繪圖員，她個性活潑外向，見識過大都市流行文化，總是在群體帶出話題，引起一陣小旋風。這個消息很快傳開了，當地三個宅男結伴而來，想認識這位「什麼都能談、講話超三八」的都市女孩，到底長什麼模樣。

燕湘那時體態略微豐滿，幾個死黨的身材也相近，自認沒有異性緣。這群女孩計畫，要是年過四十歲仍未結婚，成立「姑婆會」，彼此照應餘生。她從來沒有想過婚姻就在此刻萌芽了，這三個宅男像「山」字擺在眼前，左邊的矮矮瘦瘦，右邊的中等偏胖，中間那位一百八十三公分的瘦竹竿異常突出，燕湘得抬下巴才看見他。

高瘦身材的先生之後展開行動，只要燕湘要去哪裡，他便開車當免費的司機。如此行動，日復一日，卻拙於表達情意。燕湘的媽媽看不下去，有次當著雙方的面，要他在「情人」、「工具人」中做選擇，這樣曖昧下去浪費大家時間，不如把話講清楚。

燕湘媽媽說：「你直接對燕湘告白，要是人家喜歡你就好，不喜歡的話，以後不用來載她。」

先生當場沒回應，倒是燕湘很害臊的對媽媽說：「妳有病呀！」

兩人最後成為情侶。交往兩年之後，先生展開求婚大作戰，過程縝密，細節驚人，像發明能乘載愛人前往幸福未來的機械。

先生去買求婚花束，卻不懂到一般花店，竟然到專供弔唁花圈的禮儀店買花束，除了喪禮慣用的豔黃菊花不買，低溫櫃內的各桶花束都「各買一朵」。店家不懂這是用在哪門子的弔唁花，卻按照顧客要求，將花綁好。先生把花放在後車廂，開車去會合他的情人。燕湘多次要求先生打開後車廂放行李，對方不願回應。她不懂這男人為何推託，終於像警察臨檢般動怒喊，「趕快打開來。」

先生想找好時機求婚，眼見守不住了，最後悻悻然打開後車廂。求婚花束提早曝光了，他也再次看到那束特別造型的花，那只有機械家才能創造出來的花束，曝光在陽光美好的早晨。

燕湘瞪大著眼睛，哪來一團荒謬的花束在眼前。由電信蘭葉與火鶴花葉襯托，看起像是有人開車前來的路上，伸手到車窗外的灌木叢，有好撈就加減撈到的花草，燕湘取笑：「怎麼有一堆雜草？」

先生再看一眼偉大的花束，做出最努力的頂嘴，「啊？是喔！」

這雜草求婚被識破，還有接下來的備案，即是送結婚戒指。那晚燕湘感冒頭疼欲裂，躺在客房中昏睡。他偷偷打開房門，悄悄朝燕湘靠過去，將戒指套上去。無奈戒環太小了，竟卡住她的手指。他使力硬塞，昏睡的燕湘痛得掙扎，卻不明白發生什麼事。燕湘第二天醒來，左手無名指異常腫痛，上頭卡著過小的戒指，閃亮的金屬光芒刺破疑慮，心知昨夜錯過最浪漫時刻。

她衝下樓，對著橫躺在沙發看《數碼寶貝》的先生質問：「怎麼會有這個？」

「喔！趁妳睡覺時，套上去的。」他滿臉無辜模樣。

「太便宜你了，這是哪門子求婚？這樣不算。」

婚最後還是結了。多年之後，燕湘為了瞭解自閉症，閱讀相關書籍，她才猛然意識到，先生自我為中心的性格，是亞斯伯格的症狀之一。亞斯伯格症者的智力正常，有些人甚至偏高，他們社交與非語言交際能力較弱，以一般人的觀點觀之，認為他們不懂人情。台北市長柯P即是，講話不夠婉轉，有情緒就直接表達或真誠相待。

燕湘事後回想，先生對機械很感興趣，每次工作休息時，大家到廠外抽菸休息，先生則靠近老師傅，看他們如何修理與操作機械。然而江湖一點訣，老師傅具有危機意識，深怕被「搶飯碗」，很少將真功夫傳授，但是這難不倒先生，他靠著對機械的熱情與天賦，「偷師」學得不少功夫，且他自律勤奮，對專業長時間專注，先生很快被挖角了。但是他易以自我為中心，甚少照顧他人的感受，也很少顧慮他人的反應。

兩人結婚之後，燕湘每日往返新馬，孤身努力通勤工作，渴盼浪漫接送，幻想先生在國界上迎接，如愛神邱比特降臨，但是他不懂風情的來電：「我終於想好了，今天去海關接妳，要給妳驚喜嗎？」

燕湘哭笑不得的說：「當然，但是你不要先講，好嗎？」

燕湘歷經匪夷所思的戀愛，還有「亞斯伯格症青年的求婚進行曲」。陪伴這位少年成長的，不是幼兒心理學尚未萌芽的社會，而是馬來西亞的南國荒野。他從小在四季如夏的樹林打滾，製作漁網、彈弓與陷阱，在橡膠園與棕櫚林蹓躂。他腦袋有縝密的野果地圖，懂得哪個季節在哪出產，也懂得尋找野鳥蹤跡。少年與大自然打交道很自然，不需要耗上人類的社交模式，投入的時間都得到等值回報。

大自然包容了他，荒野是緩解他症狀的藥方。

或許是這樣，當燕湘發現孩子有自閉症，主張積極治療，而婆家的反應是這個問題不嚴重，小孩鬧鬧脾氣，帶去拜拜神，長大就會好。

燕湘決定帶家婆[6]見識，去參觀新山的自閉症中心，瞭解當時院童狀況。她們四處走走，來到一處泡棉軟墊斜坡台，提供院童玩滑板遊戲。一位二十幾歲的自閉症青年，推著簡易四輪板車經過，沒注意眼前有人，也沒有說借過。當時以勤趴在地上玩，兩手被車輪鏟過，沒得到青年的道歉。

接著她們又見到特別風景，在院內的角落看見一位青年對著柱子，不斷來來回回跳動，從燕湘入院參觀那一刻，一直到離開前都這樣。

還有一位青年，不斷在院內走動，每走幾步就跳起來，雙手拍出奇特的節奏。家婆嚇到了，對他觀察好久，因為兩歲的孫子以勤也會這樣，沉浸在自己世界不理人。家婆不希望孫子一直這樣，到二十幾歲還耗在家裡又拍又跳，因此支持燕湘帶孩子去早療。

在這些輕描淡寫的敘述中，可以看見燕湘的努力，當她回首自己的愛情史，知悉原來先生是亞斯伯格症，無法同理她的辛苦，她並未怨天尤人；當她遇到家婆的不在乎，她想到的是積極面對，關注的是「她此刻還能做什麼呢？」。

可見燕湘並非不痛苦，是在痛苦之後，勇敢面對現實，而非陷溺在悔恨、痛苦的事件中，也不在自責的漩渦中沉淪。若說她以堅韌的毅力守護了孩子，那麼她毅力如何來？她如何照顧受傷的自己？這是令人最好奇的部分。燕湘對內在著墨不多，除了勇敢發洩之外，剩餘能做的就是好好的站起來，勇敢面對現實世界。

兒子的過動症與自閉症，女兒的皮膚過敏加重，燕湘為這兩件事，忙得像陀螺轉來轉去，而她的先生如何面對這些狀況呢？

燕湘的個性較積極，缺點是容易焦躁，急著衝自閉症兒黃金期，在以勤七歲前將行為導正，她忙著找學校、找老師、找各種資訊、找各種療法，又得面對孩子突發狀況。她請丈夫多看書，以便瞭解兒子狀況，先生一翻書就像打翻安眠藥罐，眼睛跳不到三頁就睡了。有時候燕湘照顧兒女，累得幾乎癱倒。先生就像一塊移動木頭，走過她身邊，不懂噓寒問暖，令燕湘簡直氣結。

燕湘脾氣不好，天天處理以勤狀況，覺得先生沒有幫上忙，自己處在壓力鍋內，差點釀下大禍。

那一次，燕湘開車載以勤，為了安全起見，不讓他坐後座，改坐前座照顧。那幾天以勤情緒失控，不停哭哭鬧鬧，且無端去撞牆。未料他在車內不斷去撞擋風玻璃，還有副駕駛座的置物箱。無論燕湘怎麼阻擋，怎麼柔情呼喚，完全都沒有用。

「你不要再撞了，安靜可以嗎？」怒火中燒的燕湘，大叫不要再撞了，以勤當然照撞不誤。

在那樣逃無可逃的空間，聲響像利刃一般，割得她好厭煩，像馬來半島常見的噪鵑叫聲，愈叫音頻愈高音，簡直叫到走音了。這時候車子停紅燈了，燕湘心生憤怒與絕望，升起了負面的念頭，乾脆同歸於盡吧！一起離開這世界，就沒有這些苦難了。

她的雙手離開方向盤，掐住以勤的脖子。她被各種情緒遮瞎了，蒙蔽了她的感情，實則誰能忍受長期的折磨苦難。燕湘使勁無情掐下去，直到孩子動不了。

已經轉換綠燈了，她仍舊沒有鬆手，直到後方的喇叭聲傳來，那是不耐等待的駕駛狂按，她才回神警醒鬆手，以勤則嚇得癱軟。

燕湘徹底崩潰了，大哭開車回家，哭得睫毛黏住。一旦回到家中，她不願讓家人擔心，還得強自鎮定，將兒子交給媽媽，藉故還有事要忙，一路開車獨自去哭。車行在道路上，茫茫然無目標，不知哪裡才是終點。

燕湘情緒失控，差點殺死兒子，令人聯想起電影《海洋天堂》，描述父親如何以愛，守護二十餘歲的自閉症兒子。電影開場震撼人，李連杰主演的父親罹患肝癌末期，決定帶兒子走上盡頭。兩人雙腳綁著繩子，企圖去投海自盡，卻被諳水性的兒子解開獲救。

任何有關自閉症的書籍、紀錄片與電影，燕湘會找來看，《海洋天堂》沒在馬國上映，也沒有販售DVD，她透過網路欣賞，看完心中感動之餘，難免有股唏噓，尤以李連杰說的：「大福（電影中的兒子名字）對誰都是一種負擔。我是他爸，趕上了，沒辦法。」

燕湘也以「以勤的過動症及自閉症，對誰都是一種負擔，我是他媽媽，趕上了，沒辦法」。詮釋自己的人生。她沒有電影中爸爸的好脾性，得時時克制自己情緒。電影會在兩小時內結束，人生卻無法預料哪時會結束，她有時累得想放棄一切。那段日子過得好慢，她繁重的勞心，各種接踵而來的難題，最後差點釀下大禍，甚至要捏死兒子。

許多專家研究證實，家有自閉兒或特殊兒的母親，壓力高過一般母親，易罹患憂鬱症或情緒疾病，離婚率是一般家庭的三倍，自殺率更是兩倍。媽媽帶自閉兒到公共場合，礙於孩子的狀況不斷，自己就容易緊張。

燕湘回顧那段日子，與丈夫的互動常摩擦，嫌他漫不經心、不夠用心，無法跟上她的腳步，因此對他常動怒、發脾氣，對他雞蛋裡挑骨頭。多次萌生離婚的念頭，至今她還記得吵架時會說：「那就離婚啊！律師費由你出。」

丈夫從沒有想要出錢。

那段日子真的很艱辛，燕湘衝太快了，家人跟不上腳步。最後讓燕湘得到救贖，使她從夫妻衝突與四處求醫縫隙中，呼吸到舒緩氣息的，是以勤逐漸進步，她得以寬慰的一步步走下去。

馬來西亞作家許慧珊，有一本育兒書《最美好的時光》，提到爸爸如何支援媽媽的辛勞。比如當媽媽疲憊、孩子調皮的時候，爸爸把孩子帶出門，學著照顧幾小時，而不是喊著：「妳在做什麼？孩子很吵呀。」

只有媽媽在有活力時，小孩會發出笑聲，而不是噪音。

當媽媽無法將家務整理好，爸爸可以並肩處理，或請鐘點傭人服務。

孩子常生病時，別怪媽媽沒顧好，孩子體質不好，爸爸也有責任。

燕湘贊同這本書的想法，畢竟育兒工作，向來都是女性居多，只有心情好的媽媽，能養出健康快樂的孩子；只有理解與支援媽媽辛勞的爸爸，才能使媽媽常處於心情愉快呢！

燕湘後來學會豐富眼光，她用一雙發現美的眼睛來看先生。

比如先生是機械專家，用塑膠水管幫兒女做檯燈、用厚紙板製作汽車、十幾年的舊沙發可以翻修成新、幫全家牆壁上新漆、帶孩子去騎腳踏車，甚至破裂的穿衣鏡都可修復完整。

先生是孩子的大玩具，但是面對幼兒學習講話，還有需要正確教育時，他不曉得怎樣應對了。每當以勤哭鬧時候，他也不會處理，顯得木訥呆板。即便他欠缺很多，也不忘自我在學習中前進，一小步的往前跨出……

燕湘眼光豐富了，感恩之心也就容易出現了。

力阻他進入特殊班

二〇一四年，以勤從幼稚園畢業了。

在幼兒園畢業照中，以勤穿博士服，戴著方帽，手持畢業證書筒，眼神柔軟多了。燕湘為了喚醒這對原本不會凝視人的眼睛，奮鬥了數年之久，如今她與以勤的目光接觸，兒子會撒嬌、扮鬼臉，還懂得偷雞摸狗之後神色愧歉，迥異於以往。這無疑是給燕湘的饋禮，雖然這孩子在畢業舞台的演出不如預期，表情很臭——他為臉妝耿耿於懷，這是在幾場預演都沒有塗上去的安排。

以勤進入人生的新階段，就讀一般小學——方周華文小學[7]。這也是令燕湘期待的事，她希望兒子與一般孩子同樣，能與他們一起上下課，一起遊戲、學習或小爭執。

以勤入了小學之後，老師與同學都很接納他。但或許是新環境關係，他的語言系統沒建立好，「火雞語言」常令同學們摸不透，到二年級才進入狀況。以勤的語言系統發展緩慢，燕湘慢慢引導他，學校未完成的作業，就在家中完成。以勤學習抄書，從一個漢字需要看好幾次，得湊筆畫完成，到一次看幾個字便能全部抄下，這些進步是燕湘輔助而來。

以勤本身也有轉變，他到了三、四年級，對車子仍興趣不減，但是有項興趣卻後來居上，那就是畫圖。

十年後的自己（學校作文，六年級）

十年後的我已經長高了，也很帥。職業是漫畫家和遊戲設計師。漫畫家是發明新漫畫，遊戲設計師是發明新遊戲。我當漫畫家是因為我喜歡看漫畫，我當遊戲設計師是因為我喜歡玩遊戲，想要自己創造新的遊戲。

十年後的我，要努力做工賺錢，因為我要賺很多錢買我最喜歡的車，Subaru Impreza。

如果我想要十年後當漫畫家和遊戲設計家，我就要多參考漫畫和遊戲。

以勤熱衷畫圖，拿到白紙就畫；他為馬來文的閃卡[8]自動的畫上插圖；課本空白處畫上配圖。中文作文寫完，得用連環漫畫再呈現。他每天在書包裡塞十幾本畫冊或繪本，帶到學校給同學看。同學要求他製作風格繪本，或手遊攻略本。

這一切製作都是免費，他更接近他的夢想了——漫畫家與遊戲製作師。燕湘常常從他的書包搜到攻略本，或從抽屜、櫃子、書桌縫隙，陸續找到不少利用剩餘作業本繪製的畫冊。

畫圖的衝動，大過於課堂學習，終於爆發衝突。

七月三十一日　星期二　晴（日記，六年級）

今天老師給我們做數學的時候，我沒有在聽，只一直畫畫。廖老師說下一頁的時候，我才開始做數學。廖老師知道我在畫畫，廖老師就叫我把數學作業帶回家做，但

数学 RM150的10%
10%
折扣
做数学!
惊吓
一百
糟了!被
发现了!快做!
你必须回家做。
5 minitues after lather...
就回家做!
我才不想回家做!
Bang!
啥?
我还是告诉
陈老师!
下课时间结束之后...
你真懂事!
对不起
老师

我說不行，就一直吵架。

下課結束後，陳老師帶我去對廖老師道歉。廖老師知道我做錯事，就原諒我。

對以勤來說，寫字能省則省，但插圖不能少。他在小學中年級時，學會如何逃避功課，他看見一位特殊兒耍賴，老師便免除對方的功課，他便全盤學習如法炮製。以勤遇到需寫大量的華文字，只要對老師說頭暈不舒服，甚至更激烈一點兒，來點情緒或哭鬧，老師馬上就妥協了。

有幾次他在上課時，想到手遊「植物大戰殭屍2」或「憤怒鳥」，手癢難耐想畫圖；或靈感突然間降臨，他立馬頭也不抬得畫下去，同學從旁提醒，他也不理，老師出聲喝止也不聽。

他不太清楚上課規範，往往踩到紅線。

《亞斯伯格症進階完整版》指出，泛自閉症學童對於社交性訊息，往往無法理解。

老師清喉嚨的聲響，代表的訊息是要學生肅靜。

老師閉嘴不講話、瞪大眼睛，代表警告。

老師沉默不語，可能代表不行。

上述這些訊息，在一般學童眼裡，他們能分辨教師肢體語言的意涵，拿捏自己語氣與行為，做出適當回應。泛自閉症學童不然，在他們的理解裡，老師清咳嗽、嘴角抽動、雙手環在胸前的動作，只是他不舒服而已。

以勤有幾次在上課出現狀況。當他做其他的事被老師阻止，他便哭鬧起來，邊哭邊碎碎念，並且迸出幾句罵人：「你們都是壞人，都是壞人。」他臉龐眼淚氾濫，鼻涕垂得很長，不懂得吸入或擦乾淨，風吹來飄呀飄，嚇得同學把自己桌子挪開。

他被老師帶離教室，仍持續在中庭哭，引起其他班級學生觀看。他覺得更丟臉了，哭得講不清楚委屈，只能更大聲哭叫。

燕湘認同老師的作法，以勤在學校，得知曉班規，這是他進入社會規範的前奏訓練。而老師應該放任以勤？或是中斷他畫圖？教師介入與否都有難處。於是在這方面，燕湘體諒老師。即便教師處理不好，對以勤都是學習。燕湘知道處理自閉症童很費心。

關於規則的遵守，她對某次事件記憶深刻。那一次是家族成員旅行，逛完檳城植物園（Penang Botanic Gardens），四歲的以勤堅持從大門離開，因為他從大門進園區，就得從大門出去。但是大門只許進不許出，當場被驗票員擋下。以勤受拒亦不從，當下滾地哭鬧起來。燕湘怎麼相勸哄他，也都無用，她沒有求驗票員通融，而是找幾個大人抱起以勤，從出口離開。

以勤被抱上了中巴，情緒仍在高漲狀態，打滾、哭鬧、嘶吼，甚至打頭自殘。巴士上的家族親戚們，都靜靜的接納這一幕。他們看一位媽媽束手無策，焦急處理孩子鬧情緒。親戚沒有催促、沒有怨言，也沒有不耐煩，從頭到尾安靜陪伴。

燕湘每次在大庭廣眾下，處理兒子的固著情緒，都像個新手媽媽，何況是沒有經驗的教師，這是燕湘擁有的接納。非常幸運的是，燕湘遇到幾位用心的老師，她們以LINE傳來以勤的狀況，以及出狀況時的處理方式。這些老師也向燕湘詢問，如何面對以勤的固著情緒。這沒有標準答案，燕湘提供自我經驗，並且感謝老師的辛苦，直到她二〇一五年接觸薩提爾的對話之後，才懂得親子如何更細膩溝通。

關於以勤在校畫圖，燕湘認為孩子需學會負責，學校是學習的地方，不能只耽溺在畫畫世界。以勤雖然寫字較慢，但是不能放棄，即使只能抄幾個字，那就勉力抄幾個字，不能窮耗在畫圖上。

以勤六年級開學之初，燕湘接到訊息，教導組長[9]要求懇談。燕湘知道以勤出狀況了。他在學校遇到困難會哭著反抗，這情況到五年級之後，燕湘懂得疏導他情緒，以勤的哭鬧緩減，比較能照顧自己。即便以勤大有進步，他的社交與情緒控制仍未妥善，有時未遵守秩序寫作業、固著畫畫而不理人、情緒來時對人沒禮貌，容易讓人有負面印象。

教導組長突然要求懇談，以勤到底發生什麼事了，燕湘也很想知道。

「他又在課堂哭鬧了。」教導組長說。

「發生了什麼事？」兒子在校發生的事，不是每件她都能知道。

「我還在瞭解。不過，我希望他轉到特殊學校。」

「不行。」燕湘堅決否定，「組長，你知道什麼是特殊學校吧？」

「以勤可以去讀讀看。」

「特殊學校是專門給聾啞生、視障生，或肢體障礙生就讀。我之前參加過學者專家的研討會，聽他們分析這件事，所以我知道特殊學校狀況，以勤不適合到特殊學校。」

「那他可以去特殊班。」

燕湘腦袋轟然一響，馬來西亞的特殊班，與台灣的資源班迥異，不是同一個概念的班級。燕湘浮現出特殊班樣貌：那是給學習障礙的學童，大教室有開放空間的廚房與廁所，訓練孩子基本生活。孩童從一年級到六年級，都在學A、B、C與基礎數學，三年級進去是學這些，五年級插班進入也是這樣學。

「不行，他不能去特殊班。」燕湘堅決說。

「怎麼又不能了？」

「以勤學習狀況不錯，他能算世紀、年代，比如西元一九八七年，是二十世紀八〇年代，他也會算利息。他的智商沒問題。」

「是嗎？」

「他的智商一四四，由兒童科醫生幫他測過，這是真實的狀況，我當時在現場觀看。那是由醫生翻動卡片測驗，總共四十題測試。以勤有四題猶豫，除了兩題答錯，其餘都答對，而且反應速度很快，測試的馬來醫生來不及確認答案，以勤就要翻題。整個旁觀過程，我對那些題目也來不及反應，只能嗯嗯嗯的發出聲音，提醒兒子慢一點，好給馬來醫生確定答案。」

「真的嗎？」

「我可以請醫生提出證明，不然你可以查以勤在校成績。」

「我的想法很簡單，他可以嘗試別的學校，會有更多資源。」

這一刻肅靜下來，氣氛僵硬，誰都不想再多說話。燕湘再明白不過，以勤的情緒固著，成了校園的棘手人物。教導組長希望他轉校，另覓棲身之地，大概是省得麻煩。燕湘聽過許多教導組長的負評，其中一個傳言是，某位中年級的孩子，學習的速度較慢，教導組長多次要求家長轉校，只要在校遇到孩子，就當面冷嘲說：「你媽媽怎麼還不幫你轉校呀！」

燕湘不肯轉學，還有一個原因，是對這所學校有情感。她的家族中有幾位親戚在這受教成長，有幾次家族聚會，盡在無聊處找樂子，大家就拍桌子唱和，唱起同首校歌。想到這些美麗情感，燕湘將凝視教導組長的眼光抬起，抬望到背後牆上的校徽，裡頭有能熊火把的標誌。她熱焰般的意念告訴自己，兒子不能離開這間學校。

「不行。」燕湘說。

「那妳考慮看看，應該是六年級課業較重，對妳兒子壓力較大，不如降轉到五年級試試看，這樣對他比較好。」

「不行。」燕湘再次強調。

對談就此暫停。燕湘離開辦公室後，來到以勤班上，想瞭解兒子為何剛開學就哭鬧。

燕湘不停留在抱怨，總是想著能積極做些什麼，她這部分的行為充分詮釋了薩提爾模式：「不要讓自己成為麻煩的一部分，而要讓自己成為解決方案的一部分。」

燕湘終於知道以勤在學校發生什麼事。以勤在馬來文課堂，沒抄寫到投影內容，眼見老師轉換到下一張，他想阻止換頁不成，頓時焦慮升溫，開始數落老師與同學，並跟著哭泣不已。

老師遞給他濕紙巾，讓以勤擦掉鼻涕。以勤認定衛生紙才行，但哭著說不清楚，加上鼻涕一開始蔓延，就嚇跑四周同學，場面又惹得他大哭。

當馬來文老師說明後，擔任級任老師的華文老師，也加入一起討論，說以勤在課堂默寫時也放聲大哭。

燕湘覺得很驚訝，因為以勤為了開學的默寫，足足背了兩天，理應寫得出來。華文老師立即去抽出以勤的默寫本，答案揭曉了。以勤對字體非常要求，得方正不苟，每個字跡維持前後距離。他寫得很慢，寫得非常用力，稍不如意就擦掉重寫。他的華文默寫考試，換段卻沒有空格，因此擦掉重寫，最後沒有寫完而哭泣——他的默寫簿留下了線索，擦掉的筆跡深峻。

燕湘感謝老師們的關懷，重新理解以勤的淚痕由來。但是她想做的事，是教會兒子social skill（社交技能），說白點就是「如何與人相處」——你每個行為背後，都有可以被理解的理由，但不能藉此去對待每件事、每個人，也不能希冀每個人就此符合你的理由——這些抽象的社交能力，對大部分的孩子來說，很容易就學會了，像分辨紅綠燈而行路安全。目前對以勤來說，他掌握不好這部分，而且旁人很難教得懂。但是，燕湘認為絕對能教會，只是時間的長短問題，就像她曾為教以勤上廁所，花費了數年的時間。

不過，目前要解決的問題是，她希望以勤留在原校。

這得藉由第三方的公正觀察與解說。

媽媽的便當（日記，六年級）

媽媽今天做給我的便當。首先她要做Baymax壽司，如：飯和紫菜。接著媽媽要做圓蘿蔔，切蘿蔔之後，用模具按下去，把毛（豆）皮裡的毛豆按出來。最後，媽媽把肉放進小杯子。

我很開心，因為媽媽做的便當很好吃。

九月初，學校來了兩位貴客，那是新山公立蘇丹依斯邁醫院（Hospital Sultan Ismail）的醫師，專職兒童發展的秦醫師與黃醫師，她們進行以勤的課堂觀察。

她們秀出醫生證件，直接進入校園，悄悄坐進教室觀察。全班共有三十二人，包括華族與印度族學生——紛紛回頭看後頭的兩位陌生人，但是坐在後端左側靠牆的以勤，沒有注意後面的動靜。他專注在課堂上，把老師白板上的閱讀課句子，一一抄寫在練習本。唯有老師身體擋到板書時，他才探頭找縫隙瞧，用中文說：「我看不到。」

不過以勤的呼喚，老師常沒聽到。

當老師問問題，學生們紛紛回應。做完作業的以勤很安靜，但只是做自己的事，不參與課堂互動，嘴巴偶爾爆出一串話，音量並不高。

課程結束之前，以勤終於回頭看見了在教室後頭觀課的秦醫生，他眼神有說不出的疑惑。多年來他們在兒童科的診間見面，今天她怎麼會出現在此。秦醫生朝他揮揮手，臉上露出微笑，但是以勤沒有回應，趕緊轉過頭去。

下課鐘聲響起，同學們的臉上露出喜色。這是二十分鐘的點心時間，同學們笑鬧的跑出教室，以勤是最後離開的人，他慢吞吞的拿出無麩質食物，那是媽媽早晨精心準備的心意：一個日式提盒，裡頭有壽司模型做的杯麵（Baymax），它是動畫《大英雄天團》的充氣機器人，配上水煮毛豆，與模具壓出的梅花形紅蘿蔔片。

在哄鬧校園走廊上，孩子們一堆堆的跑，一團團的遊玩，以勤獨自前往食堂，沒有朋友相隨，於是他想起什麼似的，回頭看了跟在後頭的醫師，彼此凝視幾秒。這顯然是渴望的回眸，但是以勤沒說話，轉回頭繼續走，再多點喧鬧就要掀蓋的食堂，他找了空位坐下，吃起提盒裡的食物，沒有跟同桌的同學講話。

「妳怎麼會來這兒？」以勤突然問了靠過來的秦醫生。

「沒事，我順路來看你。孩子，你還好嗎？」秦醫生微笑說。

「我們下次是哪時見面？」

「十月的約診，很快的。」

對話就此結束，以勤低頭吃完便當，留下兩位醫生看他吃。同桌學生又各自喧鬧了，自成不同的世界，談論流行漫畫或受歡迎《Upin&Ipin》卡通。這是方周華文小學的日常，也是以勤的日常。

道歉信（六年級）

親愛的王家銘：

今天是因為我很害怕一個人在課室裡，所以當你說你要走的時候，我就太害怕而生氣。我不是故意要罵你，因為沒有highlight（以螢光筆之類的標示重點）到英文聽寫，因為我害怕英文聽寫拿零分。

對不起，我會改變，不罵人了。

你的同學　劉以勤

十月初的約診時間到

了，燕湘要帶以勤到醫院拿報告。

公立醫院的車位少，排診的人數多，鑑於以往的壅塞經驗，燕湘幫以勤請假一節課，打算提早上路。她到校門的保安處拿假條，填妥請假的原由，親自送到教導組長辦公室，請校方蓋章通行。

馬來書記拿著假單，引領燕湘到辦公桌前。教導組長先抬頭看了來人，再低頭看假單，始終沉默，不發一語，座椅卻清楚發出嘎嘰聲，最後他語氣堅定的說：「這假單不行，學校規定，請假得提早一小時。」

「我有提早一小時呀！」

「不，妳只是提早了一節課請假，一節課是四十五分鐘。」教導組長看了看時鐘，堅決說：「已經遲來十五分鐘了。」

這簡直是刁難，燕湘掏出醫院約診單，遞出來作證明，「這是證據，我們真的是去醫院。」

「規定就是規定，不行。」

連上醫院都不行，這規定令燕湘一頭霧水，深深覺得受挫，雙方僵持幾秒，氣氛很擰、很不安。馬來書記已經看不下去，把桌上假單推往教導組長，刺探的說：「那要蓋章嗎？」

「照規定哪能蓋，把紙還她，都不能批。」

燕湘悻悻然走出辦公室，心裡雖然嘀咕，但是心念一轉，不如掙一點兒時間也行。她快步走到教室，跟馬來文課的老師吩咐。當放學鐘聲響起，就催促做事拖拉的以勤到校門口，以便她載去醫院。燕湘交代完之後，逕自到校門等待。保安室的警衛見了她，以為燕湘拿假單去蓋章，應該領著孩子出校門，趨近一問之下，覺得是教導組長刁難。校工也湊過來聽，忍不住發出不平之聲：「父母有事來領孩子，哪有不准走的？又不是外人才要假條。」

校工話才剛說完，證據就自己走來了：一位媽媽從校內領走孩子，經過大門時對大家微笑，她連假單都沒拿。

燕湘終於忍不住了，想弄明白自己的權益，因此打電話給級任老師。級任老師也不清有此校規，向教導組長詢問，不久來電回覆燕湘，說：「我問過組長了，他說這是新校規，連我都不清楚。不過他說網開一面，願意通融五分鐘，讓以勤先離開。」

「提早五分鐘呀！」燕湘心裡仍感寬慰，至少多掙得五分鐘。

「我去通知授課老師，叫以勤先準備，時間到就放人。」級任老師說。時間一分一秒過去，燕湘原地等候。下課的時間到了，低年級學生都快走光了，以勤還沒有出現，發生了什麼事？燕湘跑到教室瞭解，半途看見一位揹著書包、提便當袋的孩子，躲在空蕩蕩的走廊角落，燕湘定睛一看，竟是以勤的身影，便問他怎麼沒到校門口。以勤嚅嚅囁囁的道出原委，原來他有提早走，經過數間在上課的教室，被學生轉頭瞧見了，他膽小怕事的心念上來，擔心他孤單一個人走，恐被誤以為是逃學、怕被貼上標籤，便走不下去了，躲著等放學鐘聲響起後，混入高年級人群離校。

燕湘好氣又好笑，又覺得不忍心，只能摸摸孩子的頭。所幸到醫院的路很順暢，一路上沒塞車，找車位與掛號都順利，拿到兒童發展科秦醫生的觀察報告。

醫生在報告中指出，在她們的觀察時間內，以勤有良好的上課習慣，面對教師授課，也能聚焦學習。但是以勤在課堂學習，並不積極參與師生互動，而且他在學校孤單，沒有要好的朋友。在醫生的建議中，提到融合教育（mainstreaming）對以勤的重要性。所謂融合教育，是將特殊兒童與一般兒童一起上課，強調正常化的學習，並非隔離教育。

醫生給出了建議，將以勤安排在前排座位，與學習較積極的同學並坐，並設計一些小活動，融入班上學生的人際關係。醫生也提出見解，一般自閉症的孩子，需要更多時間處理外在訊息，應給予額外的時間完成學業和試卷，方能反映他的真實能力。醫生認為需尊重學童，看重孩子的學習需求，並且可以留在原學校。

燕湘將醫院的報告，遞交給校方。

被罵記（練習文，六年級）

今天完成記得的功課後，我在拿我的國文作文時，我和媽媽發現字太少了。因為不好好學習，上課時畫畫，上課不專心，沒有一直寫，時常罵老師或同學。媽媽生氣地講要送我去特殊班。我很傷心，也很生氣，因為我很討厭特殊班，還有因為不捨得原來的學校，也不捨得同學。

我決定整理改變，如：上課專心、抄多多字、專心寫字、對老師和同學說好話，和上課時不可以畫畫。如果沒有改變就沒有選擇。

我現在很安心，因為媽媽沒有送我去特殊班。

二〇一九年二月，以勤參加柔佛州中小學漫畫比賽，他既緊張又興奮。在作業本的餘白處，寫下的心情是「這個星期六，我將參加漫畫比賽，這是我第一次比賽，我長大後要成為漫畫家」。

這次比賽，事先公布主題「美食暢想」。參賽者在家打草稿，將構圖默記下來，現場另外發圖紙完成。以勤的構圖與用色豐富，以十九格連環漫畫，呈現「阿賽」與「三

草髮」兩位貪吃饕客，在餐廳狂吃，落得沒錢買單的下場。

以勤還接受親戚的意見，修改自己的作品，比如使用鋸齒狀的對話框，表現人物的驚喜；或是將人物的下半身用漩渦狀表達，那代表跑得飛快，如果後方拖著線條，更能強調速度感。

燕湘頗欣賞草圖，雖然技巧尚待磨練，但是整體感還不錯。她看圖欣喜之餘，心中有些雜陳的想法。這幾年下來，以勤耽溺畫圖，有靈感來可以望著天空傻笑、手指在褲管上畫草圖，每天帶十幾本畫冊到學校，以致在校無法專注上課，被阻止便引爆情緒。為了這些風波，燕湘不斷與學校溝通，跟教育學者諮商，與學習夥伴討論對策。她既要讓孩子保有繪畫，又要讓孩子學會負責，這是一件困難的工作。

升上六年級之後，以勤漸漸能克制迸發的畫圖慾念，主要是燕湘提出的某項計畫奏效：如果他想要出畫冊，燕湘願以美編專業幫助，提供他自費出版，但是這有個前提，以勤得把分內事做完才能畫畫。這項協議滿足了以勤的渴望，將他的塗鴉拉上另一層次，有了確切的追尋目標；特別是燕湘教他用勾邊筆，把繪圖的鉛筆線條描實之後轉換成了電腦成品，看到夢想的以勤答應了，也就願意穩定下來，將那些手癢的感覺，化做更確切的圖像。

比賽進入賽場前，出了一點狀況，那是燕湘沒弄清楚規則，比賽是四格漫畫賽，不是預想的連環漫畫。對母子二人而言，那是緊張的氣氛，最後燕湘修訂舊稿，重新安排四格畫，跟以勤討論了一會兒。燕湘知道以勤緊張，第一次出場難免焦慮，尤其在關鍵時刻重擬草圖，於是與他展開簡短對話，心法就是薩提爾模式。

「你在抓腳。你感覺緊張，是嗎？」燕湘看見兒子抓小腿。多年來他的皮膚過敏時好時壞，會忠實反映情緒。

「嗯！」

「我知道你緊張。」燕湘停頓一下，說：「我知道你喜歡畫畫，第一次比賽一定緊張。你比賽是為了得獎？」

「不是。」

「是為了獎金一百元馬幣？」

「是。」

然後燕湘笑了，以勤也笑了，氣氛緩和了不少。她要以勤深呼吸，緩和一下情緒。燕湘並且告訴他，很欣賞他事前的努力，比賽就依平常心吧！記得最後用勾邊鋼筆將草圖線條描實就行了。

然後她目送兒子進入會場，為那背影加油。

這麼多年下來，她看過無數次兒子消失的背影，從幼兒園到小學，從公園到街市，寬慰之情卻越來越多，覺得這孩子越來越大，腳步越來越穩妥了，漸漸步入常軌。

這場漫畫比賽，隔日公布成績，還刊登上報紙。在六十三位參賽者中，以勤得到優秀獎（佳作），他非常高興。

燕湘更感到喜悅，她跟自閉症奮鬥了這麼久，此刻有了一個短暫的煙火。

有目標就前進吧！孩子。燕湘心裡這樣想。

二〇一九年，我希望（學校作文，六年級）

二〇一九年，我希望我的UPSR[10]的成績考得非常好。我不希望進中學的特殊班，所以我就必須考到好成績。我還希望我的聽寫每次都可以得到滿分。我也希望我可以去畢業旅行。但是，所有的願望我需要努力學習和用心聽課才能實踐願望。

薩提爾媽媽

期待出遊的小孩，常興奮得不想睡，以崇就是這樣的孩子。以崇是燕湘的第三個孩子，生性活潑可愛，對世界充滿好奇。清晨的窗外鳥囀，殷切呼喚五歲的他。他一骨碌爬起來，掀開窗簾，窗外鳥兒驚飛了，身影消融在濛濛天色。他佇立在窗台良久，心想鳥兒都去旅行了，怎麼來載人的幼兒園巴士姍姍來遲。

燕湘看到這一幕，心知孩子的盼望。她回想以崇昨天返家後，便一直興奮不已，為的是今日的參觀活動，去巧克力觀光工廠。以崇不斷叮嚀燕湘，要先備妥衣服、水壺記得裝滿水，放進他心愛的小背包。

期待出遊的以崇，隔日六點前醒來，取出小背包，滿心等待出門。他不喜歡上幼兒園，因為老師嚴厲，功課繁多，他每天早晨被燕湘叫喚都拖拖拉拉，穿襪子都會拖戲，今日卻非常積極上學。他翻來覆去睡不著，又去憑窗眺望微曦的天光。

「你想去學校呀！」燕湘問。

「對呀！」

薩提爾的
守護之心

「天沒亮，能去學校嗎？」

「不能。」以崇回答。

「怎麼天還沒有亮，不能去學校？」

「因為天黑黑，就沒有人去學校。」

「怎麼沒有人去學校？」

「因為全部的人都睡覺。」

「那現在天還沒有亮，要去學校嗎？」

「不要。」

兩人說罷，以崇安靜回到床邊，抱著媽媽睡，等待著天亮。

這是燕湘的日常，往日的她未必如此。以她從前的脾氣而言，會阻止以崇的問話，天沒亮去不成學校，那就給我閉嘴，快點回來睡。若是燕湘如此應對，最後以崇會屈從，回到床上躺下，但情緒還在喃喃抱怨，因為期待未被滿足。

如今燕湘喜歡這種對話方式，藉此跟孩子有更多連結，碰觸孩子行為底下的聲音，那是更內在、更完整、更想被傾聽的靈魂。這薩提爾的對話基礎模式，起始於二〇一五年的緣分。崇建受邀在新山辦工坊，燕湘是工作人員，負責接送崇建。一路上燕湘分享生命故事，回饋她旁聽的心得。那幾天的耳濡目染，燕湘對薩提爾對話有興趣，藉由相關書籍、自學團體、工坊等管道，摸索這套模式，漸漸熟稔並推動，在新山一帶被稱為「薩提爾媽媽」。

薩提爾模式的對話，以孩童最易上手。孩童純真無芥蒂，對世界無比好奇，喜歡與人互動，不會在乎大人說錯話。燕湘最常對話的對象，是年幼的以崇，也從中領略奧妙，慢慢擴及他人，甚至帶領新山的媽媽，如何與特殊兒童對話。燕湘與以崇的對話，生活中俯拾皆是，例如燕湘某天在樓上忙家務事，聽到樓下傳來罵聲，她等事情忙完下樓，詢問以崇才知道原委：以崇吃飯慢吞吞，爸爸大聲催促。

「爸爸罵你時，你很害怕？」燕湘問。

「是，我很害怕。」以崇回應。

「剛才你很害怕的時候，你做了什麼？」

「我等妳下樓。」

「你等我下樓幫你嗎？」

「嗯！」

「你在等我的時候，有哭嗎？」

「沒有。」

「可是，我沒有下樓。你一直在等我嗎？」

「是。」

「你是一直害怕的等我嗎？」

「是。」

「我沒有下樓，你有生氣嗎？」

「我沒有生氣。」

「媽媽沒有下樓來幫你，你不會生氣？」

「不會。」

「你等不到我，你怎麼做？」

「我快快吃。」

「弟弟，你做得真好。你知道自己很害怕，卻懂得處理自己的情緒。媽媽剛剛在忙家事，沒有辦法下樓來看你。媽媽沒有下樓，你也沒有生我的氣。你現在還有害怕嗎？」

「沒有了。」

「你現在想要媽媽怎麼做？」燕湘問到這兒，以崇沒有及時回話，便停頓好幾秒，最後她接話：「那媽媽給你個抱抱。」

「好。」

如斯的母子對話，著重情緒的溝通與流動，讓孩子得以敘述，也讓母親得以理解，建構了一個和諧的連結，而這個連結成為家常。

年紀幼小的以崇，受到母親的對話系統影響，耳濡目染之下，自然略懂對話，面對年長他六歲的以勤有情緒挫折時，也會問：「你有什麼感受？」「你有生氣嗎？」「你很難過呀？」這使得一旁觀看的燕湘覺得有趣，成為家庭應對的文化。

孩子在學校遇到挫折，決計逃不過媽媽法眼。只要孩子坐上車，情緒都寫在臉上，要不然看看以勤衣服，只要胸前衫濕濕髒髒，就知道拿來擦拭今天的眼淚了。以勤會投訴在校受到霸凌，但是根據老師的觀察，以勤所謂的霸凌，有時候是他有錯在先，導致的結果讓他覺得被壓迫。

燕湘知道以勤的狀況，有時孩子委屈、有時孩子難過、有時孩子受挫，身為母親能貢獻的良藥，就是陪伴而已。有品質的陪伴過程，她使用對話或冰山卡進行更良好的溝通，使以勤覺察自己的情緒爆發點，是誤解他人，或另有原因？進而進入更深的內在，安頓以勤的情緒。

二〇一九年初，燕湘在柔佛州的香妃城，與一群媽媽聚會喝咖啡，以勤隨行跟隨。會後以勤沒跟母親同車，而是搭別人開的本田city返途，嘗試坐坐這款1.5的小車，並跟同車的治療師A小姐對話，介紹自己有自閉症。事後燕湘得知此事，好奇以勤這一段歷程，談及有自閉症的感受，於是母子展開一段對話。

「你記得A小姐嗎？」燕湘問。

「不記得。」以勤搖頭。

「那天我們在香妃城喝咖啡，除了你認識的B小姐，還有一位……」

「我想起來了，她是治療師。」

「對呀！原來你記得。你還記得你在車上說了什麼嗎？」

「不記得。」

「你跟A小姐說，你有自閉症，對方知道嗎？是這樣嗎？」

「不是。我說我有自閉症，沒有問對方知不知道。我只有問他們，知不知道我參加漫畫比賽。」

「我能不能這樣理解？你告訴他們，你有自閉症。還有，你問他們知不知道，你有參加漫畫大賽？」

「是。」

「你怎麼會跟他們說，你有自閉症？」

「上車後，我自我介紹，我是劉以勤，今年十三歲，我有自閉症。講完後又問她，知不知道我參加漫畫大賽？」

「原來如此，嗯……你十三歲？」

「講錯了。」以勤笑出來，他才十二歲。

「你說你有自閉症的時候，是怎麼樣的感受？」

「沒有感受。」

「沒有感受？」

「對，說的時候沒有什麼感受。」

「那你問她，知不知道你有漫畫比賽時，你的感受是……」

「開心。」

「能不能這樣理解？你想介紹你有自閉症；而且，你知道A小姐人很好，你感到比較放心，所以你說到自己有自閉症，沒有特別的感受。而你很想跟他們分享漫畫大賽的事，說的時候才很開心。」

「是。」

對話沒有結束，而是往更內在潛入，在經過一段反覆詢問、核對、打岔話題與重新尋找對話路徑。**燕湘越來越清楚了，當以勤面對自閉症話題，哪時會有不同感受，感受的強烈度，以及形成感受的原因，有助於瞭解兒子的內在，她也給予正向回饋。**

與以勤接觸過的人，覺得他與一般孩子差不多。最近燕湘以自閉症原由，替他申請身心殘障卡。這是掙扎良久的決定，申請身心殘障卡，無異於替兒子貼上標籤，因為以勤也盼望只做一個普通的孩子。燕湘這麼做有原因，以勤拿到身心殘障卡，可以在「小學六年級鑑定統一考試」中請獨立課室。獨立空間與優化時間，能測試出自閉症童的學習能力。但是以勤對這件事沒有正面看待，他曾獨自走過上課教室外，都被異樣眼光碰傷，因此始終對獨立考試有所排斥。若是以一般身分在教室測試，以勤擔心自己有突發狀況，會影響他人考試，也怕他人影響自己。獨立課室有好處，但是他也萌生失落，缺少同學一同陪考。以勤的這些感受、觀點與期待，是燕湘用薩提爾的冰山圖，慢慢以對話或筆談方式，逐漸釐清出來。

四月二日是世界自閉症覺醒日，鼓勵世人點一盞藍燈，以示對自閉症者的關懷。這一天的放學時分，燕湘要以勤提早盥洗，母子穿上藍衣服，權充藍燈象徵。以勤不解為什麼使用藍色意象，燕湘說自閉症兒童像天上孤星，看起來與其他星星共享同個夜空，綻放精采的生命，但是他們在更遙遠的漆黑宇宙，獨自閃爍著自己光芒，再加上天空是藍色的，所以才會點藍燈。

「每個星兒是獨一無二的。」燕湘補充說。

「我不是獨一無二，我跟其他人一樣。」以勤篤定說。

「我們都在社會規範裡生活，遵守一樣的規則，每個人的生活看起來很像，但是仔細研究又不一樣，多虧每個人的創造力與想像力不同，使得大家都是很不同。這跟是不是星兒無關，而是每個人的獨特性。」

「原來是這樣。」

「因為有特質與特長，你可以獨一無二，因此而獨一無二。」

「我要獨一無二。」

「沒錯。」

薩提爾的守護之心

這幾年，燕湘的脾氣有了變化。或者這樣說，自從學習了薩提爾，**她比較懂得處理當下情緒，面對自己的感受，進而也紓解夫妻的僵局。**今年農曆過年，她與丈夫吵了一架，若照她以往情緒模式，她會拿起車鑰匙、帶著孩子，在車後視鏡裡把丈夫甩掉。現在燕湘有更多進步，更懂得處理自己的情緒。

燕湘忙於家務與孩子，丈夫忙於工作，他回家多半是修東西，其他休閒是養紅龍魚、玩手遊「神魔之塔」。他的朋友只有幾位，一年碰頭一次。現在每週三固定打羽球，他的球友多了，不過他每週盡量帶孩子出遊，每月一次全家參與登山等野外活動。

丈夫對薩提爾或其他心理學，是透過燕湘與孩子的互動，方才略知一二。面對燕湘的薩提爾對話，丈夫總是回答：不曉得、不清楚、不知道、沒感覺。要是雙方有了爭執，燕湘試著用對話化解緊繃，也許一開始有效，但是幾次之後，會得到丈夫「不要用妳上課學到的套在我身上」的反彈。

燕湘不得不承認，丈夫不記仇、不理妳生氣或否、不想太多的脾氣，沒有使僵局過久，他常說「睬妳都傻了」，可以說就是接納燕湘的爆脾氣。

二〇一六年左右，流行「重要的話講三遍」。那陣子丈夫脾氣忽然變大，對家人是「情緒的指責重複罵三次」。燕湘多次詢問也得不到原因，她與親友討論先生怎麼了，認為丈夫的人際關係不複雜，應該不至於與人衝突，可能是剛自行創業遇到瓶頸——這個公司只有兩人，一個是丈夫跑機械修復，一個是擔任會計的燕湘。她查核公司收入，更篤定丈夫是財源驟減而引爆情緒。

燕湘平日與媽媽們，常聚會研習與討論，如何面對家庭的齟齬與拉鋸，她們發展出不少藥方，當然失敗的也多。她決定用其中某個方式，跟丈夫溝通，打破他老是不曉得、不清楚、不知道、沒感覺的「三不一沒有」。某天丈夫脾氣特別暴躁，燕湘決定要對話，趁著三個孩子都睡去的時刻，臥室的燈關了，窗外蟲吟淺淺，路燈透過藍窗簾映入，在這靜謐的時刻，燕湘躺在床上，一旁的先生背對著她。燕湘知道丈夫個性，對於妻子的關懷，通常「軟硬不吃」，強硬詢問不理人，撒嬌除了尷尬之外，往往關係也惡化，他會突然爆氣大怒，所以薩提爾不討好、不指責、不說理、不打岔的口吻，會是最好的潤滑劑。

燕湘向先生開口前，腦海裡閃過一些畫面。那是一九九八年的光景，她被反町隆史《麻辣教師ＧＴＯ》的形象擄獲，追劇到他隔年演出的《三十拉警報》裡的商品趴趴熊。燕湘到處買趴趴熊，倒是節儉的男友沒買過給她。當時宇多田光的《First Love》紅遍馬來西亞，她與男友牽手到哪裡，都聽得到這首旋律，成了青春戀情的配樂。

如果時間流動快一些，燕湘記得不久之後，她在車子上護送父親去醫院，地點在四小時車程外的吉隆坡醫院，車子循高速公路疾馳，但醫院老是到不了似。父親胰臟出現問題，膚色突然沉黃，需緊急送到醫院。在醫院檢查室外，父親要去做消化系統內視鏡，坐在輪椅上頭，看著焦急的燕湘，不知道要說什麼，主動緊捉女兒的手，說：「妳就是掌紋亂亂，想太多。」這是燕湘成年之後，父親給予的第一次身體接觸，深深觸動她的內心。在那一刻，加速了她的婚姻與孩子誕生，她想要讓父親抱孫，所幸父親最後痊癒了。

如果燕湘回想生命中的記憶，她記得以勤出生後，月子還沒有做完，就趕赴公司工作。結果算錯工錢，這筆呆帳得由燕湘負責。她一時心慌了，加上產後憂鬱症作祟，渾身又哭又抖的藏在桌子下。丈夫匆匆趕過來公司，大罵擔任主管的姑姑，怎麼讓不懂數字的燕湘管帳，接著他將手伸進桌底說，「走。」

燕湘永遠記得這幕，簡直像韓劇拍攝角度，一隻發光發熱的手伸入，撫平了她的淚眼，加上溫柔且堅定的配音，走。她才伸手回應，就被拉走了。

他們兩人走了一段時光。現在他事業遇挫折，躺在床上背對燕湘。一位是不太說話的亞斯症丈夫，一位是薩提爾媽媽，由後者先開口，展開一段深情對話。

「怎麼了，你是不是擔心錢？」

「……」丈夫沒回應。

「我這邊還有儲蓄，你不要為這太擔心。當你那邊頂不了的時候，我這邊還可以分擔。」

當先生不回應的時候，燕湘可以一致性表達，表達自己的願意承擔，表達自己願亦支持丈夫。

「……」

「但是，我相信你可以度過難關。我朋友的先生C，你知道的，他自己出來創業，是三天打魚，兩天曬網，做事有一搭沒一搭。你不像別人那樣，因為你很努力做事。」

「……」

「你以前當員工，是八點準時出門，傍晚六點準時回到家。你現在創業，是七點就準備出門，到晚上九點還沒有回家。」

「……」

「我看到你很努力。」

「……」

「你放心的，錢的問題不用太擔心，你努力去做你的事業，家務與孩子我會打理好。」

「……」

燕湘表達完了這一段，且讓時間停頓在靜謐中。她沒聽到回話，卻感受到回應。丈夫身體緊繃，但明顯微微顫動。這就是言語了，只是沒有說出來，卻真實無比的傳遞情感。

生命中有許多東西，比費盡口舌更珍貴，在此時此刻，不需戳破寧靜中的千言萬語，這是一種停頓的接納。燕湘從背後給他深情的擁抱。

隔天以晨在樓下翻箱倒櫃，找外婆送來的蜂蜜。她喜歡茶泡飲料，加點蜂蜜，滋味更醇。但是此刻卻找不著，燕湘幫忙找找，幾個孩子都加入，大夥兒邊找邊抱怨，東西怎麼長腳跑掉了。

在工作室修機械的丈夫，被大家的聲響驚擾，出門詢問什麼事。

「找不到蜜糖。」以晨說。

「蜜糖，就在這裡呀！」丈夫大喊，然後拉著燕湘，說：「妳外婆送的蜜糖就是這罐呀！」

孩子們都不懂，昨天脾氣暴躁的爸爸，怎麼今天浪漫起來。

燕湘那一刻笑壞了，滿臉甜滋滋。

最後，來談談以晨。

她現在讀中學，華樂社社員，平時在校住宿，週末才能回家，需花一小時半車程。燕湘在週末會走一段路，到六百公尺外的公車站，接她或送她。在出門仰賴私家車的小鎮，走路顯得意義重大，時間彷彿變慢了，情感可以沉澱、凝固或回顧，母女倆可以聊很多東西。

她們走出家門，沿公立士乃國民中學的圍牆前進。兩年前，以晨以離家最近的這間中學為升學目標，學校以馬來文教學，所以她全力拚馬來文，沒想到最終選擇了居鑾中華中學，這是華文獨立中學。獨中是以中文教學為主，被馬國政府邊緣化，鮮少經費挹注，高三生的「統考」（UEC）文憑不被承認，學生畢業後到台灣、中國或歐美升學。

燕湘深信「沒有最正確的決定，但每一個決定，都是最好的安排」。她跟以晨說，並以自身的實踐向女兒證明，生命會遇到很多抉擇，抉擇後的負責，努力實踐目標，才是生命態度，不然生命只剩事後懺悔的「早知道」。

士乃學校的樹木扶疏，延伸到人行道，有蓊鬱的印度紫檀、雨豆樹等；另一側的民家風景很樸實，肥料袋套住波蘿蜜樹果實，目的是防松鼠啃食。燕湘喜歡花兒，特別喜愛向日葵，曾經嘗試去種，但花朵不如想像中豔黃大氣，她懷念外婆的滿園花朵，那是自然美好的「花憶」，燕湘從來沒有忘記，她的丁點園藝本領，不如外婆深厚的花草之情。

去年她看日本紀錄片《風之電話》，描述三一一大地震之後，岩手縣大槌町的寂靜山丘上，有個斷線的電話亭「風的電話」，提供災後倖存者打電話給亡者，一吐心中思念，獲得活下去的勇氣。燕湘看完這部影片，當晚就夢見外婆了，外婆叼著捲菸笑著，看起來很開心的樣子。

起床後夢醒了，那感覺還是很真實，燕湘逕自走到倉庫，拿出塵封的黑色撥盤電話，幾度想撥給外婆。幫孩子做完早餐後，思念外婆的感覺已滿溢，她刻意放了輕音樂，撥了外婆家的電話，那是她永遠忘不了的電話號碼，雖然電話永遠不會撥通，但是答答答的轉盤撥動聲如此療癒，當最後一個聲響歸位，來到美好的寂靜時刻，燕湘帶著客家腔說：「外婆妳好嗎？我昨天看到妳了……目前大家都在為活著而努力。我也很努力，一切都會很好的。」

燕湘並不迷信，但有確切的信念，努力才是信仰。她打電話給外婆，是告訴自己，人生到此沒有徒然，她也要將信念傳承給女兒。

公車站在聯邦1號公路旁。現在，燕湘與女兒坐在藍色遮陽棚下的長椅，車速來往很快，但車囂沒有打斷她們的對話。燕湘知道女兒羨慕直髮，但是髮禁與遺傳父親的鬈髮，偏偏得不到，加上瘦高體型，她不愛抬頭。燕湘常常拍她的背，提醒挺直點。另外，女兒最近會問起什麼是叛逆期。燕湘說，那是兒女與父母的觀念有了鴻溝，還說，要是妳覺得朋友的話比較中聽，記得媽媽願意等待；如果妳與媽媽起衝突，不要忘記，媽媽向來都是無惡意的人，並且願意多聆聽；如果妳在外遇到什麼困難，永遠不忘了家的大門都沒有為妳上鎖……

薩提爾的守護之心

黃色間雜藍紋的校車來了，把以晨載走了。燕湘看著消失的校車，想起幾年前她剛學薩提爾時，常常拿以勤與以崇當對話對象，講了好長的時間，回頭卻看見在旁邊默默聆聽的女兒哭了。燕湘問以晨，那眼淚的意涵是什麼，女兒卻是不知道、不清楚的回應，像她的爸爸。但淚水是情緒的表達，燕湘深深惦記，很多年前她禁止女兒哭，如今卻想知道眼淚為何而來，倏忽之間，小女孩已是亭亭少女了。

「以勤狀況已經不錯，妳不用東跑西跑，再去學東西，可以多休息。」以晨說。

「不是這樣的，」燕湘說，「我是為妳而學。」

然後，雙方剩下凝視，一種千言萬語的寧靜。

燕湘知道這千真萬確，一個媽媽想更靠近女兒，才繼續學習薩提爾模式。

當以勤狀況好些了，燕湘才意識到，她想彌補母女關係。

一個健康快樂的小女孩，曾經密集承受母親的壓力與藤鞭，卻絲毫不與母親計較。可是燕湘明白後果，女兒有了陰影，燕湘以前抱以勤最多，常常需要安撫他，不得不推開也想被抱的女兒。如今小女孩年紀稍長，就不太願意與人肢體接觸，有時會抵抗媽媽的手，遑論女性親戚的靠近。

燕湘想給女兒一個擁抱，極其自然的接觸，企圖打開多年來的疏離，想要拉近母女之情，彼此之間能有更多話。某天的家庭聚會製造了機會，她們離開了店家，前往停車場時，天空乾淨得沒有雲卷，藍得沒有芥蒂。天賜良機來了，一輛從聯邦1號公路駛入的汽車，慢慢朝兩人逼近，燕湘順手一攬，將女兒攬進懷裡，藉此避開來車。

「生日快樂，我始終沒有忘記。」她永遠記得此時此刻。然後，以晨觸動了，嚎啕大哭起來，哭倒在母親懷裡了。

如今燕湘這一路走來的歷程，不由得讓人想起薩提爾女士的一首詩——〈當我內心足夠強大〉：

當我內心足夠強大，
你指責我，
我感受到你的受傷；
你討好我，
我看到你需要認可；
你超理智，
我體會你的脆弱和害怕；

薩提爾的守護之心

你打岔，
我懂得你如此渴望被看到。
當我內心足夠強大，
我不再防衛。

所有力量，
在我們之間自由流動。
委屈、沮喪、內疚、悲傷、憤怒、痛苦，
當他們自由流淌。
我在悲傷裡感到溫暖，
在憤怒裡發現力量，
在痛苦裡看到希望。
當我內心足夠強大，
我不再攻擊。
我知道，

薩提爾媽媽

當我不再傷害自己，
便沒有人可以傷害我。
我放下武器，
敞開心，
當我的心，柔軟起來，
便在愛和慈悲裡，
與你明亮而溫暖的相遇。
原來，讓內心強大，
我只需要，
看到自己，
接納我還不能做的，
欣賞我已經做到的。
並且相信，
走過這個歷程，
終究可以活出自己，綻放自己。

後記

第一次看見以勤，是在馬來西亞南方的士乃。在我與崇建下榻的飯店，燕湘開車載兩位兒子過來。以勤正為一篇名為〈炎熱的夏天〉的作文煩惱，苦於找不到切入方向，在旁輔導的燕湘使不上力。

有段時間，以勤的中文寫作不理想，學校老師反映得由她說一句，以勤寫一句進行。崇建告訴燕湘，先教他寫爛作文，多寫幾篇，越爛越好，目的是啟動他的寫作原力，再一步步引導進步。這道理在崇建著作《作文，就是寫故事》呈現完整。燕湘回去後，照這方式解放以勤的寫作緊箍咒，不久他的寫作分數從十一分進步到四十四分，首次出現起色。

一般而言，正式作文會有題幹，引導寫作方向。即便如此，動筆前，還是要充分審題，搞清楚這題目要你寫什麼。崇建詢問以勤，你懂「炎熱的夏天」的意思嗎？以勤主動坐在崇建腿上，只是搖搖頭。透過慢慢對話，崇建才得知中文「炎熱」對他來說是陌生詞彙。經由一來一往互動，以勤比較清楚寫作方向，一旁觀察的燕湘，也覺得有收穫。

接下來的幾天採訪，燕湘帶我參觀不少地方，包括他們住家。大門鐵門左邊，是爸爸養孔雀魚的小水缸。鐵門右邊的花圃，埋葬了刺蝟。多年前，他們獲贈這種可愛動物，在以勤房間闢建寵物房。刺蝟多次安慰孩子的不安情緒。牠們越繁殖越多，第一代入土為安時，寵物原主人來參加告別式，講了動人言語，以勤哭壞了。以勤情感豐富，經過路旁的漢人喪禮棚被感染了，也會哭不停。

在以勤房間，我看到書桌擺滿小車子。他隨時攜帶一本二〇一八年的多美（TOMICA）小汽車型錄，有空就看，翻得捲曲，做了小眉批。他最想要的模型是《頭文字D》主角藤原拓海開的豐田AE86。我為此問他作文裡，怎麼寫的是將來有錢想買速霸陸Impreza。原來，後者是藤原拓海的爸爸兼教練開的寶駒，以勤認為更炫。他還跟我介紹看完的漫畫《秀逗高校》，解說複雜的角色關係，誰是髮型不同的雙胞胎，誰是專門考零分的。馬國的中文教學，以簡體字為主，以勤則藉由香港版《老夫子》與台版的《哆啦A夢》自學繁體字。

有專家指出，有一種超級藥對泛亞斯伯格症的人而言，天然、免費、無副作用，那就是獨處。獨處無損社交能力，任何表現都沒問題。我耗了一段時間坐在角落，觀察以勤在房內寫功課、玩玩具、畫畫，一切都像普通孩子，也想像燕湘如何帶領他成長的那幾年。只有在談話中，我才感受以勤較少直視我。面對他無感的對話，要消化很久才懂我的意思。但是，他與人容易親暱，常坐在我腿上談話，連續兩天我走時，他都要我留宿，可以跟他擠同張床。

我看到了他爸爸，他一閃而過的打招呼，不知道去哪了。之後，我與燕湘走過士乃中學旁的人行道，去公車站接以晨，大家一起去喝台式手搖茶，她喜歡珍珠奶茶。幾天的訪談結束了，我與燕湘最後聊到出國旅行。她只去過新加坡與中國，但從來沒有帶孩子出國，全家多是從事低消費的國內自然之旅，不希望透過奢華的外國旅行，滿足孩子欲望。我隱約感受到，燕湘希望藉此多存點錢，用在孩子的教育。這是華人普遍的父母之心。

特殊兒的解藥，來自媽媽辛勞的汗水，汗水不會白流。然而一位特殊兒的成長，不僅僅是媽媽的努力，往往是一群媽媽的協助。燕湘當初獲知以勤有自閉症，非常慌張，上網找遍資料，並苦尋有經驗的媽媽協助。透過《一閃一閃亮晶晶》影片，她找到澐媽、謙媽。澐媽廖芳珍立即空運自閉症的影片到馬國。燕湘收到，非常驚喜，深記運費是台幣一千多元，稍後又收到澐媽海運的一箱自閉症書。紙箱至今保留，紀念這份恩情。然後，燕湘又細數曾幫過她的國外人士，不少是台灣人，從來沒有見過面。

「如果要出國，我想帶以勤去台灣，我很好奇這個地方，充滿奇特感覺與情感想像。」她說。

「歡迎。」我說。

「我們母子，得去感謝那塊土地與人們。」

---

1 約七塊台幣。

2 在來米，秈稻。

3 蝶豆花在東南亞是普遍的食物天然染劑，台灣多用在泡茶或市售手搖杯的飲品調色。然而蝶豆花提煉出的蝶豆肽，具有刺激子宮收縮的作用，孕婦不宜。蝶豆花不是台灣傳統食物，在食品安全方面，官方沒有公開支持，政策仍在搖擺。

4 舅舅。

5 尾牙的意思。伊斯蘭教禁止酒精（與豬肉），食品有乙醇或酒精就無法通過清真認證，馬來西亞有相關的禁酒規則。收工酒是華人對尾牙的稱法，不盡然在聚會時喝酒。

6馬國華人對婆婆的稱呼。
7這是虛構的小學名稱，以避開真實生活中，可能受爭議的事件。
8學字卡。
9這職位是虛構的，以避開真實生活中，可能受爭議的人物。
10馬來西亞的「小學六年級鑑定統一考試」，由國家主持，是小學生升上中學的重要依據。

【新書分享會】

《薩提爾的守護之心》

李崇建、甘耀明

2020／03／21（六）

時間｜7：00PM

地點｜誠品松菸店3樓Forum（台北市信義區菸廠路88號）

洽詢電話：(02)2749-4988

*免費入場，座位有限

國家圖書館預行編目資料

薩提爾的守護之心／李崇建・甘耀明著. ——初版. ——臺北市；寶瓶文化, 2020. 02
面； 公分, ——（catcher；98）
ISBN 978-986-406-183-9（平裝）
1. 親職教育 2. 親子關係 3. 親子溝通
528. 2 109000880

Catcher 098

薩提爾的守護之心

作者／李崇建・甘耀明

發行人／張寶琴
社長兼總編輯／朱亞君
副總編輯／張純玲
資深編輯／丁慧瑋 編輯／林婕伃
美術主編／林慧雯
校對／張純玲・陳佩伶・林俶萍・李崇建・甘耀明
營銷部主任／林歆婕 業務專員／林裕翔 企劃專員／李祉萱
財務主任／歐素琪
出版者／寶瓶文化事業股份有限公司
地址／台北市110信義區基隆路一段180號8樓
電話／(02) 27494988 傳真／(02) 27495072
郵政劃撥／19446403 寶瓶文化事業股份有限公司
印刷廠／世和印製企業有限公司
總經銷／大和書報圖書股份有限公司 電話／(02) 89902588
地址／新北市五股工業區五工五路2號 傳真／(02) 22997900
E-mail／aquarius@udngroup.com

法律顧問／理律法律事務所陳長文律師、蔣大中律師
如有破損或裝訂錯誤，請寄回本公司更換
著作完成日期／二〇一九年十二月
初版一刷日期／二〇二〇年二月
初版六刷日期／二〇二〇年二月二十五日
ISBN／978-986-406-183-9
定價／三二〇元

AQUARIUS 寶瓶文化事業

愛書人卡

感謝您熱心的為我們填寫，
對您的意見，我們會認真的加以參考，
希望寶瓶文化推出的每一本書，都能得到您的肯定與永遠的支持。

系列：Catcher 098　**書名：薩提爾的守護之心**

1. 姓名：＿＿＿＿＿＿＿＿　性別：□男　□女

2. 生日：＿＿年＿＿月＿＿日

3. 教育程度：□大學以上　□大學　□專科　□高中、高職　□高中職以下

4. 職業：＿＿＿＿＿＿＿＿

5. 聯絡地址：＿＿＿＿＿＿＿＿＿＿＿＿＿＿＿＿

   聯絡電話：＿＿＿＿＿＿＿＿　手機：＿＿＿＿＿＿＿＿

6. E-mail信箱：＿＿＿＿＿＿＿＿＿＿＿＿

   □同意　□不同意　免費獲得寶瓶文化叢書訊息

7. 購買日期：＿＿ 年 ＿＿ 月 ＿＿日

8. 您得知本書的管道：□報紙／雜誌　□電視／電台　□親友介紹　□逛書店　□網路

   □傳單／海報　□廣告　□其他

9. 您在哪裡買到本書：□書店，店名＿＿＿＿＿＿　□劃撥　□現場活動　□贈書

   □網路購書，網站名稱：＿＿＿＿＿＿　□其他＿＿＿＿＿＿

10. 對本書的建議：（請填代號　1. 滿意　2. 尚可　3. 再改進，請提供意見）

    內容：＿＿＿＿＿＿＿＿＿＿＿＿

    封面：＿＿＿＿＿＿＿＿＿＿＿＿

    編排：＿＿＿＿＿＿＿＿＿＿＿＿

    其他：＿＿＿＿＿＿＿＿＿＿＿＿

    綜合意見：＿＿＿＿＿＿＿＿＿＿＿＿＿＿＿＿＿＿＿＿

11. 希望我們未來出版哪一類的書籍：＿＿＿＿＿＿＿＿＿＿＿＿

讓文字與書寫的聲音大鳴大放

寶瓶文化事業股份有限公司

（請沿此虛線剪下）

廣告回函
北區郵政管理局登記
證北台字15345號
免貼郵票

寶瓶文化事業股份有限公司收

110台北市信義區基隆路一段180號8樓

8F,180 KEELUNG RD.,SEC.1,

TAIPEI.(110)TAIWAN R.O.C.

（請沿虛線對折後寄回，或傳真至02-27495072。謝謝）